Viva la España

Un viaggio gastronomico attraverso la Spagna

Maria Bianchi

SOMMARIO

- MELANZANE MARINATE 24
  - INGREDIENTI 24
  - ELABORAZIONE 24
  - TRUCCO 25
- SCRAMBLE DI FAGIOLI BABY CON PROSCIUTTO SERRANO 26
  - INGREDIENTI 26
  - ELABORAZIONE 26
  - TRUCCO 26
- TRINXAT 27
  - INGREDIENTI 27
  - ELABORAZIONE 27
  - TRUCCO 27
- BROCCOLI GRATINATI CON PANCETTA E SALSA AURORA 28
  - INGREDIENTI 28
  - ELABORAZIONE 28
  - TRUCCO 28
- CARTER CON GAMBERI E AMEXULA IN SALSA VERDE 29
  - INGREDIENTI 29
  - ELABORAZIONE 29
  - TRUCCO 30
- CIPOLLA CARAMELLATA 31
  - INGREDIENTI 31
  - ELABORAZIONE 31

- TRUCCO 31
- FUNGHI RIPIENI DI PROSCIUTTO SERRANO E PESTO 32
  - INGREDIENTI 32
  - ELABORAZIONE 32
  - TRUCCO 32
- CAVOLFIORE CON AGLIO 33
  - INGREDIENTI 33
  - ELABORAZIONE 33
  - TRUCCO 33
- CAVOLFIORE GRATTUGIATO 34
  - INGREDIENTI 34
  - ELABORAZIONE 34
  - TRUCCO 34
- DUXELLE 35
  - INGREDIENTI 35
  - ELABORAZIONE 35
  - TRUCCO 35
- INDIVIA CON SALMONE AFFUMICATO E CABRALES 36
  - INGREDIENTI 36
  - ELABORAZIONE 36
  - TRUCCO 36
- LOMBARDO DI SEGOVIA 37
  - INGREDIENTI 37
  - ELABORAZIONE 37
  - TRUCCO 37
- INSALATA DI PEPERONI ARROSTITI 39

- INGREDIENTI 39
- ELABORAZIONE 39
- TRUCCO 40

PISELLI FRANCESI 41
- INGREDIENTI 41
- ELABORAZIONE 41
- TRUCCO 41

CREMA DI SPINACI 43
- INGREDIENTI 43
- ELABORAZIONE 43
- TRUCCO 44

FAGIOLI DEL BAMBINO CON LA SALSICCIA BIANCA 45
- INGREDIENTI 45
- ELABORAZIONE 45
- TRUCCO 45

FAGIOLI VERDI CON PROSCIUTTO 46
- INGREDIENTI 46
- ELABORAZIONE 46
- TRUCCO 46

CIBO DI AGNELLO 48
- INGREDIENTI 48
- ELABORAZIONE 48
- TRUCCO 49

MILLEFEUILLE DI AGOSTO CON FORMAGGIO DI CAPRA, MIELE E CURRY 50
- INGREDIENTI 50

ELABORAZIONE 50

TRUCCO 50

TORTA DI ASPARAGI BIANCHI E SALMONE AFFUMICATO 52

INGREDIENTI 52

ELABORAZIONE 52

TRUCCO 52

PEPERONCINO PIQUILLO RIPIENO DI MORCILLA CON SALSA DI SENAPE DOLCE 53

INGREDIENTI 53

ELABORAZIONE 53

TRUCCO 53

CARDI CON SALSA DI MANDORLE 54

INGREDIENTI 54

ELABORAZIONE 54

TRUCCO 55

PISTO 56

INGREDIENTI 56

ELABORAZIONE 56

TRUCCO 57

Porro CON VINAIGRETE DI VERDURE 58

INGREDIENTI 58

ELABORAZIONE 58

TRUCCO 58

QUICHE DI PORRO, PANCETTA E FORMAGGIO 59

INGREDIENTI 59

ELABORAZIONE 59

| TRUCCO | 60 |

POMODORI PROVENZALI 61
    INGREDIENTI 61
    ELABORAZIONE 61
    TRUCCO 61

CIPOLLE RIPIENE 62
    INGREDIENTI 62
    ELABORAZIONE 62
    TRUCCO 62

CREMA DI FUNGHI CON NOCI 64
    INGREDIENTI 64
    ELABORAZIONE 64
    TRUCCO 64

TORTA DI POMODORO E BASILICO 65
    INGREDIENTI 65
    ELABORAZIONE 65
    TRUCCO 65

PATATE COTTE CON POLLO AL CURRY 66
    INGREDIENTI 66
    ELABORAZIONE 66
    TRUCCO 67

TALPA OVOS 68
    INGREDIENTI 68
    ELABORAZIONE 68
    TRUCCO 68

PATATE PER IMPORTANZA 69

INGREDIENTI 69

ELABORAZIONE 69

TRUCCO 69

UOVA MOLLET CON BILLETTA 71

INGREDIENTI 71

ELABORAZIONE 71

TRUCCO 72

PATATE E BRACCIO BIANCO 73

INGREDIENTI 73

ELABORAZIONE 73

TRUCCO 74

FRITTATA DA UTILIZZARE COTTA (ROPA VIEJA) 75

INGREDIENTI 75

ELABORAZIONE 75

TRUCCO 76

PATATE RIPIENE CON SALMONE AFFUMICATO, PANCETTA E MELANZANE 76

INGREDIENTI 76

ELABORAZIONE 76

TRUCCO 77

CROCCHETTE DI PATATE E FORMAGGIO 77

INGREDIENTI 77

ELABORAZIONE 77

TRUCCO 78

BUONE PATATE FRANCESI 79

INGREDIENTI 79

- ELABORAZIONE 79
- TRUCCO 79

UOVA ALLA FIORENTINA 80
- INGREDIENTI 80
- ELABORAZIONE 80
- TRUCCO 80

PATATE PELATE CON ANGERILFT E GAMBERI 81
- INGREDIENTI 81
- ELABORAZIONE 81
- TRUCCO 82

UOVA STILE FLAMENCO 83
- INGREDIENTI 83
- ELABORAZIONE 83
- TRUCCO 83

TORTILLA TORTILLA 84
- INGREDIENTI 84
- ELABORAZIONE 84
- TRUCCO 85

UOVA ARROSTITE CON SALSICCIA E SENAPE 86
- INGREDIENTI 86
- ELABORAZIONE 86
- TRUCCO 86

FRITTATA DI PATATE CON SALSA 87
- INGREDIENTI 87
- ELABORAZIONE 87
- TRUCCO 88

- PURRUSALDA 89
  - INGREDIENTI 89
  - ELABORAZIONE 89
  - TRUCCO 89
- PATATE ARROSTO 91
  - INGREDIENTI 91
  - ELABORAZIONE 91
  - TRUCCO 91
- MISCELA DI FUNGHI 92
  - INGREDIENTI 92
  - ELABORAZIONE 92
  - TRUCCO 92
- UOVA SULLA ZOLLA CON ACCIUGHE E OLIVE 93
  - INGREDIENTI 93
  - ELABORAZIONE 93
  - TRUCCO 94
- PATATE IN CREMA CON PANCETTA E PARMIGIANO 94
  - INGREDIENTI 94
  - ELABORAZIONE 94
  - TRUCCO 95
- UOVA SODE 95
  - INGREDIENTI 95
  - ELABORAZIONE 95
  - TRUCCO 95
- PATATE ROBUSTE 96
  - INGREDIENTI 96

ELABORAZIONE 96

TRUCCO 96

UOVA SPAVENTATE CON FUNGHI, GAMBERI E TRIGUEROS............ 97

INGREDIENTI 97

ELABORAZIONE 97

TRUCCO 98

SRAMBLE DI PATATE CON CHORIZO E PEPE VERDE 99

INGREDIENTI 99

ELABORAZIONE 99

TRUCCO 100

PATATE POVERE 100

INGREDIENTI 100

ELABORAZIONE 100

TRUCCO 101

UOVA DEL GRANDUCA A SCAGLIE 101

INGREDIENTI 101

ELABORAZIONE 101

TRUCCO 102

PATATE CON COSTOLA 103

INGREDIENTI 103

ELABORAZIONE 103

TRUCCO 104

UOVA FRITTE NEL PANE 104

INGREDIENTI 104

ELABORAZIONE 104

TRUCCO 105

PATATE NOCCIOLE 105

    INGREDIENTI 105

    ELABORAZIONE 105

    TRUCCO 105

uova di molletta 107

    INGREDIENTI 107

    ELABORAZIONE 107

    TRUCCO 107

PATATE ALLA RIOJANA 108

    INGREDIENTI 108

    ELABORAZIONE 108

    TRUCCO 109

PATATE CON CHOCOCO 109

    INGREDIENTI 109

    ELABORAZIONE 109

    TRUCCO 110

FRITTATA DI GAMBERI CON AGLIO 111

    INGREDIENTI 111

    ELABORAZIONE 111

    TRUCCO 111

PATATE COTTE CON COD 112

    INGREDIENTI 112

    ELABORAZIONE 112

    TRUCCO 113

PURÈ DI PATATE 114

    INGREDIENTI 114

- ELABORAZIONE 114
- TRUCCO 114
- FRITTATA DI FAGIOLI CON MORCILLA 115
  - INGREDIENTI 115
  - ELABORAZIONE 115
  - TRUCCO 115
- SRAMBLE DI AGLIO E FRUMENTO 117
  - INGREDIENTI 117
  - ELABORAZIONE 117
  - TRUCCO 117
- PATATE AL FORNO CON NISCALE 118
  - INGREDIENTI 118
  - ELABORAZIONE 118
  - TRUCCO 118
- FRITTATA DI BILLETTE E GAMBERI 120
  - INGREDIENTI 120
  - ELABORAZIONE 120
  - TRUCCO 120
- UOVA GRATINATE 121
  - INGREDIENTI 121
  - ELABORAZIONE 121
  - TRUCCO 121
- Frittata Di Zucchine E Pomodori 122
  - INGREDIENTI 122
  - ELABORAZIONE 122
  - TRUCCO 122

PATATE REVOLCONA CON TORREZNOS 123
    INGREDIENTI 123
    ELABORAZIONE 123
    TRUCCO 124
FRITTATA DI FUNGHI E PARMIGIANO 125
    INGREDIENTI 125
    ELABORAZIONE 125
    TRUCCO 125
TAMBURO DI POLLO CON WHISKY 126
    INGREDIENTI 126
    ELABORAZIONE 126
    TRUCCO 126
ANATRA ARROSTO 127
    INGREDIENTI 127
    ELABORAZIONE 127
    TRUCCO 128
PETTO DI POLLO ALLA VILLAROY 129
    INGREDIENTI 129
    ELABORAZIONE 129
    TRUCCO 130
PETTO DI POLLO CON SENAPE E SALSA DI LIMONE 131
    INGREDIENTI 131
    ELABORAZIONE 131
    TRUCCO 132
GAUNETTE ARROSTO CON PRUGNE E FUNGHI 133
    INGREDIENTI 133

ELABORAZIONE 133

TRUCCO 134

PETTO DI POLLO VILLAROY RIPIENO DI PIQUILLOS CARAMELLATI ALL'ACETO DI MODENA 135

INGREDIENTI 135

ELABORAZIONE 135

TRUCCO 136

PETTI DI POLLO RIPIENI DI PANCETTA, FUNGHI E FORMAGGIO 137

INGREDIENTI 137

ELABORAZIONE 137

TRUCCO 138

POLLO AL VINO DOLCE CON PRUGNE 139

INGREDIENTI 139

ELABORAZIONE 139

TRUCCO 140

PETTO DI POLLO ALL'ARANCIA E ANACARDI 141

INGREDIENTI 141

ELABORAZIONE 141

TRUCCO 141

PERNICA PICKLETTOED 142

INGREDIENTI 142

ELABORAZIONE 142

TRUCCO 142

POLLO ALLA CACCIATORA 143

INGREDIENTI 143

ELABORAZIONE 143

- TRUCCO 144
- ALI DI POLLO STILE COCA COLA 145
  - INGREDIENTI 145
  - ELABORAZIONE 145
  - TRUCCO 145
- POLLO ALL'AGLIO 146
  - INGREDIENTI 146
  - ELABORAZIONE 146
  - TRUCCO 147
- POLLO AL CHILINDRON 148
  - INGREDIENTI 148
  - ELABORAZIONE 148
  - TRUCCO 149
- QUAGLIE IN PICTLETE E FRUTTI ROSSI 150
  - INGREDIENTI 150
  - ELABORAZIONE 150
  - TRUCCO 151
- POLLO AL LIMONE 152
  - INGREDIENTI 152
  - ELABORAZIONE 152
  - TRUCCO 153
- POLLO SAN JACOBO CON PROSCIUTTO SERRANO, TORTA DEL CASAR E RUCOLA 154
  - INGREDIENTI 154
  - ELABORAZIONE 154
  - TRUCCO 154

POLLO ARROSTITO AL CURRY 155
    INGREDIENTI 155
    ELABORAZIONE 155
    TRUCCO 155

POLLO AL VINO ROSSO 156
    INGREDIENTI 156
    ELABORAZIONE 156
    TRUCCO 157

POLLO ARROSTO CON BIRRA NERA 158
    INGREDIENTI 158
    ELABORAZIONE 158
    TRUCCO 158

PERNICE AL CIOCCOLATO 160
    INGREDIENTI 160
    ELABORAZIONE 160
    TRUCCO 161

QUARTI DI TACCHINO ARROSTO CON SALSA AI FRUTTI ROSSI 162
    INGREDIENTI 162
    ELABORAZIONE 162
    TRUCCO 163

POLLO ARROSTO CON SALSA DI PESCHE 164
    INGREDIENTI 164
    ELABORAZIONE 164
    TRUCCO 165

FILETTO DI POLLO RIPIENO DI SPINACI E MOZSARELA 166
    INGREDIENTI 166

- ELABORAZIONE ... 166
- TRUCCO ... 166
- POLLO ARROSTO NELLA CAVA ... 167
  - INGREDIENTI ... 167
  - ELABORAZIONE ... 167
  - TRUCCO ... 167
- SPIEDINI DI POLLO CON SALSA DI ARACHIDI ... 168
  - INGREDIENTI ... 168
  - ELABORAZIONE ... 168
  - TRUCCO ... 169
- POLLO NEL PEPITORIO ... 170
  - INGREDIENTI ... 170
  - ELABORAZIONE ... 170
  - TRUCCO ... 171
- POLLO ALL'ARANCIA ... 172
  - INGREDIENTI ... 172
  - ELABORAZIONE ... 172
  - TRUCCO ... 173
- POLLO ARROSTO CON BOLETO ... 174
  - INGREDIENTI ... 174
  - ELABORAZIONE ... 174
  - TRUCCO ... 175
- POLLO SALTATO CON NOCI E SOIA ... 176
  - INGREDIENTI ... 176
  - ELABORAZIONE ... 176
  - TRUCCO ... 177

POLLO AL CIOCCOLATO CON SUD TOSTO 178
    INGREDIENTI 178
    ELABORAZIONE 178
    TRUCCO 179
SPIEDINI DI AGNELLO CON VINAGRETTE DI PAPRIKA E SENAPE 180
    INGREDIENTI 180
    ELABORAZIONE 180
    TRUCCO 181
PINNA DI VITELLO RIPIENA AL PORTO 182
    INGREDIENTI 182
    ELABORAZIONE 182
    TRUCCO 183
PRANZO A MADRILLEÑA 184
    INGREDIENTI 184
    ELABORAZIONE 185
    TRUCCO 185
GUANCE DI CIOCCOLATO AL CIOCCOLATO 186
    INGREDIENTI 186
    ELABORAZIONE 186
    TRUCCO 187
TORTA DI MAIALE CONFIT CON SALSA AL VINO DOLCE 188
    INGREDIENTI 188
    ELABORAZIONE 188
    TRUCCO 189
CONIGLIO AL PUNTO DI RIFERIMENTO 190
    INGREDIENTI 190

- ELABORAZIONE 190
- TRUCCO 191
- PRANZO CON SALSA DI NOCCIOLE PEPITORIA 192
  - INGREDIENTI 192
  - ELABORAZIONE 193
  - TRUCCO 193
- COSTINO DI VITELLO ALLA BIRRA NERA 194
  - INGREDIENTI 194
  - ELABORAZIONE 194
  - TRUCCO 195
- VIAGGI A LA MADRILEÑA 196
  - INGREDIENTI 196
  - ELABORAZIONE 196
  - TRUCCO 197
- LOMBATA DI MAIALE ARROSTITA CON MELE E MENTA 198
  - INGREDIENTI 198
  - ELABORAZIONE 198
  - TRUCCO 199
- PRANZO DI POLLO CON SALSA DI LAMPONI 200
  - INGREDIENTI 200
  - ELABORAZIONE 201
  - TRUCCO 201
- STUFATO D'AGNELLO 202
  - INGREDIENTI 202
  - ELABORAZIONE 202
  - TRUCCO 203

CIVETTA LEPRA 204
    INGREDIENTI 204
    ELABORAZIONE 204
    TRUCCO 205
CONIGLIO CON PIPERRADA 206
    INGREDIENTI 206
    ELABORAZIONE 206
    TRUCCO 207
PRANZO DI POLLO RIPIENO DI FORMAGGIO IN SALSA AL CURRY . 208
    INGREDIENTI 208
    ELABORAZIONE 209
    TRUCCO 209
GUANCE DI MAIALE AL VINO ROSSO 210
    INGREDIENTI 210
    ELABORAZIONE 210
    TRUCCO 211
SETA DI MAIALE DI NAVARRA 212
    INGREDIENTI 212
    ELABORAZIONE 212
    TRUCCO 212
CARNE ARROSTO CON SALSA DI ARACHIDI 213
    INGREDIENTI 213
    ELABORAZIONE 213
    TRUCCO 214
MAIALE ARROSTO 215
    INGREDIENTI 215

- ELABORAZIONE 215
- TRUCCO 215
- INSIEME ARROSTITI CON IL CAVOLO 216
  - INGREDIENTI 216
  - ELABORAZIONE 216
  - TRUCCO 216
- CONIGLIO CACCIATORE 217
  - INGREDIENTI 217
  - ELABORAZIONE 217
  - TRUCCO 218
- COSTANTE DI CARNE A LA MADRILEÑA 219
  - INGREDIENTI 219
  - ELABORAZIONE 219
  - TRUCCO 219
- CONIGLIO ARROSTO CON FUNGHI 220
  - INGREDIENTI 220
  - ELABORAZIONE 220
  - TRUCCO 221

MELANZANE MARINATE

INGREDIENTI

2 melanzane grandi

3 cucchiai di succo di limone

3 cucchiai di prezzemolo fresco tritato

2 cucchiai di aglio tritato

1 cucchiaio di cumino macinato

1 cucchiaio di cannella

1 cucchiaio di paprika piccante

Olio d'oliva

sale

ELABORAZIONE

Tagliare le melanzane a fette nel senso della lunghezza. Cospargere di sale e lasciare su carta da cucina per 30 min. Sciacquare abbondantemente con acqua e mettere da parte.

Versare un filo d'olio e sale sulle fette di melanzane e infornare per 25 minuti a 175ºC.

Unire il resto degli ingredienti in una ciotola. Unite le melanzane al composto e mescolate. Coprire e conservare in frigorifero per 2 ore.

TRUCCO

Affinché le melanzane perdano l'amaro, si possono anche immergere nel latte con un po' di sale per 20 minuti.

SCRAMBLE DI FAGIOLI BABY CON PROSCIUTTO SERRANO

INGREDIENTI

1 bottiglia di fave sott'olio

2 spicchi d'aglio

4 fette di prosciutto serrano

1 erba cipollina

2 uova

Sale e pepe

ELABORAZIONE

Scolare l'olio dalle fave in una padella. Qui fate rosolare la cipolla tagliata a pezzetti, l'aglio a fettine e il prosciutto tagliato a listarelle sottili. Alzate la fiamma, aggiungete le fave e fate rosolare per 3 min.

A parte, sbattere le uova e condire. Adagiate leggermente le uova sopra le fave e il coniglio senza fermarvi a togliere.

TRUCCO

Aggiungere un po' di panna o latte alle uova sbattute per renderle più dolci.

TRINXAT

INGREDIENTI

1 kg di cavolo

1 kg di patate

100 g di pancetta

5 spicchi d'aglio

Olio d'oliva

sale

ELABORAZIONE

Togliere le foglie, lavare il cavolo e tagliarlo a fettine sottili. Sbucciare e tagliare le patate in quarti. Cuocere tutto insieme per 25 min. Togliere e schiacciare ben caldo con una forchetta fino ad ottenere una purea.

Soffriggere in una padella l'aglio affettato e la pancetta tagliata a striscioline. Aggiungere alla precedente massa di patate e far rosolare per 3 minuti per lato, come se fosse una frittata di patate.

TRUCCO

Il cavolo deve essere ben scolato dopo la cottura, altrimenti il trinxat non si dorerà bene.

BROCCOLI GRATINATI CON PANCETTA E SALSA AURORA

INGREDIENTI

150 g di pancetta a listarelle

1 broccolo grande

Salsa Aurora (vedi sezione Brodi e Sughi)

Olio d'oliva

Sale e pepe

ELABORAZIONE

Soffriggere bene le strisce di pancetta in una padella e mettere da parte.

Dividete i broccoli a mazzetti e cuoceteli in abbondante acqua salata per 10 minuti o finché sono teneri. Scolare e mettere su una teglia.

Adagiare sopra i broccoli la pancetta, poi la salsa aurora e gratinare alla massima temperatura fino a doratura.

TRUCCO

Per ridurre al minimo l'odore dei broccoli, aggiungere un po' di aceto all'acqua di cottura.

CARTER CON GAMBERI E AMEXULA IN SALSA VERDE

INGREDIENTI

500 g di cardamomo cotto

2dl di vino bianco

2 dl di brodo di pesce

2 cucchiai di prezzemolo fresco tritato

1 cucchiaio di farina

20 vongole

4 spicchi d'aglio

1 cipolla

Olio d'oliva

sale

ELABORAZIONE

Tagliare la cipolla e l'aglio a pezzetti. Friggere a fuoco lento per 15 minuti con 2 cucchiai di olio.

Aggiungere la farina e saltare per 2 minuti, mescolando continuamente. Alzate la fiamma, bagnate con il vino e fatelo sfumare completamente.

Bagnare con il brodo e cuocere per 10 min a fuoco basso, mescolando continuamente. Aggiungere il prezzemolo e aggiustare di sale.

Aggiungere le vongole e i cardi precedentemente spurgati. Coprire e cuocere 1 minuto fino a quando le vongole si aprono.

TRUCCO

Non cuocere troppo il prezzemolo in modo che non scolorisca e non diventi marrone.

CIPOLLA CARAMELLATA

INGREDIENTI

2 cipolle grandi

2 cucchiai di zucchero

1 cucchiaino di aceto di Modena o Sherry

ELABORAZIONE

Friggere lentamente le cipolle tagliate a julienne, coperte, fino a renderle traslucide

Scoprire e cuocere fino a doratura. Aggiungere lo zucchero e cuocere per altri 15 min. Bagnare con l'aceto e cuocere altri 5 min.

TRUCCO

Per fare una frittata con questa quantità di cipolle caramellate, utilizzate 800 g di patate e 6 uova.

FUNGHI RIPIENI DI PROSCIUTTO SERRANO E PESTO

INGREDIENTI

500 g di funghi freschi

150 g di prosciutto serrano

1 erba cipollina tritata finemente

Pesto (vedi sezione Brodi e Sughi)

ELABORAZIONE

Tritare finemente l'erba cipollina e il prosciutto. Rosolarli lentamente 10 min. Lasciali raffreddare.

Pulire e togliere il picciolo ai funghi. Friggerli in una padella a testa in giù per 5 min.

Farcite i funghi con il prosciutto e l'erba cipollina, versate sopra un po' di pesto e infornate a 200ºC per circa 5 minuti.

TRUCCO

Non è necessario aggiungere sale, in quanto il prosciutto e il pesto sono leggermente salati.

CAVOLFIORE CON AGLIO

INGREDIENTI

1 cavolfiore grande

1 cucchiaio di paprika dolce

1 cucchiaio di aceto

2 spicchi d'aglio

8 cucchiai di olio d'oliva

sale

ELABORAZIONE

Dividete il cavolfiore a mazzetti e cuocetelo in abbondante acqua salata per 10 minuti o fino a doratura.

Soffriggere l'aglio e farlo imbiondire in olio d'oliva. Togliere la padella dal fuoco e aggiungere la paprika. Soffriggere per 5 secondi e aggiungere l'aceto. Aggiustare di sale e condire con la salsa.

TRUCCO

in modo che il cavolfiore abbia meno odore durante la cottura, aggiungi 1 bicchiere di latte all'acqua.

CAVOLFIORE GRATTUGIATO

INGREDIENTI

100 g di parmigiano grattugiato

1 cavolfiore grande

2 tuorli

Besciamella (vedi sezione Brodi e Salse)

ELABORAZIONE

Dividete il cavolfiore a mazzetti e cuocetelo in abbondante acqua salata per 10 minuti o fino a doratura.

Aggiungere alla besciamella (dopo aver tolto dal fuoco) continuando a sbattere i tuorli e il formaggio.

Disponete il cavolfiore in una pirofila e condite con la besciamella. Gratinare alla massima temperatura fino a quando la superficie sarà dorata.

TRUCCO

Quando alla besciamella si aggiungono formaggio grattugiato e tuorli d'uovo, si ottiene una nuova salsa chiamata Mornay.

DUXELLE

INGREDIENTI

500 g di funghi

100 g di burro

100 g di erba cipollina (o cipolla)

Sale e pepe

ELABORAZIONE

Pulire e tagliare i funghi a pezzetti il più piccoli possibile.

Soffriggere nel burro l'erba cipollina tagliata a pezzetti molto piccoli e unire i funghi. Soffriggere fino a completa perdita di liquido. Stagione.

TRUCCO

Può essere un contorno perfetto, un ripieno o anche un primo piatto. Duxelle ai funghi con uova in camicia, Duxelle di petto di pollo ripieno, ecc.

INDIVIA CON SALMONE AFFUMICATO E CABRALES

INGREDIENTI

200 g di panna

150 g di salmone affumicato

100 g di formaggio di capra

50 g di noci sgusciate

6 cuori di indivia

Sale e pepe

ELABORAZIONE

Togliete le foglie delle scarole, lavatele bene con acqua fredda e immergetele in acqua ghiacciata per 15 minuti.

Mescolare in una ciotola il formaggio, il salmone tagliato a striscioline, le noci, la panna, il sale e il pepe e riempire con questa salsa le indivie.

TRUCCO

Lavare le indivie in acqua fredda e metterle a bagno in acqua ghiacciata aiuta a rimuovere l'amaro.

LOMBARDO DI SEGOVIA

INGREDIENTI

40 g di pinoli

40 g di uvetta

1 cucchiaio di paprika

3 spicchi d'aglio

1 cavolo rosso

1 piccola mela

Olio d'oliva

sale

ELABORAZIONE

Togliere il gambo centrale e le foglie esterne al cavolo rosso e tagliarlo a julienne. Togliere il torsolo alla mela senza togliere la buccia e tagliarla in quarti. Cuocere il cavolo rosso, l'uvetta e la mela per 90 min. Corri e prenota.

Tagliate a fettine l'aglio e fatelo rosolare in una padella. Unite i pinoli e fateli tostare. Aggiungere la paprika e aggiungere il cavolo rosso con l'uvetta e la mela. Soffriggere per 5 min.

TRUCCO

Per evitare che il cavolo rosso perda il suo colore, iniziate la cottura con acqua bollente e aggiungete un po' di aceto.

INSALATA DI PEPERONI ARROSTITI

INGREDIENTI

3 pomodori

2 melanzane

2 cipolle

1 peperone rosso

1 testa d'aglio

aceto (facoltativo)

olio extravergine d'oliva

sale

ELABORAZIONE

Preriscaldare il forno a 170ºC.

Lavare le melanzane, il peperone e i pomodori e sbucciare le cipolle. Mettere tutte le verdure in una teglia e condire con abbondante olio. Cuocere per 1 ora, girando di tanto in tanto per cuocere in modo uniforme. Prendili così come sono fatti.

Lascia raffreddare il peperone, rimuovi la pelle e i semi. Tagliate a julienne il peperone, la cipolla e le melanzane, anch'esse private dei semi. Rimuovere, premendo leggermente, gli spicchi d'aglio dalla testa arrostita.

Mescolare tutte le verdure in una ciotola, condire con un pizzico di sale e l'olio della padella. Puoi anche aggiungere qualche goccia di aceto.

TRUCCO

Conviene fare delle incisioni nella buccia delle melanzane e dei pomodori in modo che non scoppino durante la tostatura e così si sbuccino più facilmente.

PISELLI FRANCESI

INGREDIENTI

850 g di piselli puliti

250 g di cipolla

90 g di prosciutto serrano

90 g di burro

1 litro di brodo di carne

1 cucchiaio di farina

1 lattuga pulita

sale

ELABORAZIONE

Soffriggere nel burro le cipolle tagliate a pezzetti e il prosciutto tritato. Aggiungere la farina e saltare per 3 min.

Versare il brodo e cuocere per altri 15 minuti, mescolando di tanto in tanto. Aggiungere i piselli e cuocere 10 minuti a fuoco medio.

Aggiungere la lattuga tagliata a julienne sottile e cuocere per altri 5 min. Metti un pizzico di sale.

TRUCCO

Cuocere i piselli scoperti in modo che non diventino grigi. Se durante la cottura si aggiunge un pizzico di zucchero si esalta il sapore dei piselli.

CREMA DI SPINACI

INGREDIENTI

¾ kg di spinaci freschi

45 g di burro

45 g di farina

½ litro di latte

3 spicchi d'aglio

Noce moscata

Olio d'oliva

Sale e pepe

ELABORAZIONE

Preparare una besciamella con il burro fuso e la farina. Soffriggere lentamente per 5 minuti e aggiungere il latte, mescolando continuamente. Cuocere per 15 minuti e condire con sale, pepe e noce moscata.

Cuocere gli spinaci in abbondante acqua salata. Scolare, raffreddare e strizzare bene in modo che siano completamente asciutti.

Tritare l'aglio e soffriggerlo nell'olio per 1 min. Aggiungere gli spinaci e saltare a fuoco medio per 5 minuti.

Mescolare gli spinaci con la besciamella e cuocere, sempre mescolando, per altri 5 min.

TRUCCO

Accompagnare con dei triangolini di pane abbrustolito.

FAGIOLI DEL BAMBINO CON LA SALSICCIA BIANCA

INGREDIENTI

1 bottiglia di fave sott'olio

2 spicchi d'aglio

1 salsiccia bianca

1 erba cipollina

Olio d'oliva

sale

ELABORAZIONE

Scolare l'olio dalle fave in una padella. Rosolare in quest'olio l'erba cipollina e l'aglio tagliati a pezzetti e unire la salsiccia tagliata a cubetti.

Cuocere per 3 minuti fino a quando non saranno leggermente dorati. Alzate la fiamma, aggiungete le fave e fate rosolare per altri 3 min. Metti un pizzico di sale.

TRUCCO

Si può fare anche con le fave tenere. Per questo, cuocere in acqua fredda per 15 minuti o fino a quando non sono morbidi. Raffreddare con acqua e ghiaccio e sbucciare. Quindi prepara la ricetta allo stesso modo.

FAGIOLI VERDI CON PROSCIUTTO

INGREDIENTI

600 g di fagiolini

150 g di prosciutto serrano

1 cucchiaino di paprika

5 pomodori

3 spicchi d'aglio

1 cipolla

Olio d'oliva

sale

ELABORAZIONE

Rimuovere i lati e le estremità dei fagioli e tagliarli a pezzi grossi. Cuocere in acqua bollente 12 min. Scolare, raffreddare e riservare.

Tagliare la cipolla e l'aglio a pezzetti. Cuocere lentamente per 10 minuti e aggiungere il prosciutto serrano. Saltare per altri 5 minuti. Aggiungere la paprika e i pomodori grattugiati e far rosolare finché non perdono tutta la loro acqua.

Aggiungere i fagiolini alla salsa e cuocere per altri 3 min. Metti un pizzico di sale.

TRUCCO

Il prosciutto serrano può essere sostituito con il chorizo.

CIBO DI AGNELLO

INGREDIENTI

450 g di carne di agnello

200 g di fagiolini

150 g di fave sbucciate

150 g di piselli

2 litri di brodo di carne

2 dl di vino rosso

4 cuori di carciofo

3 spicchi d'aglio

2 pomodori grandi

2 patate grandi

1 peperone verde

1 peperone rosso

1 cipolla

Olio d'oliva

Sale e pepe

ELABORAZIONE

Tritare, condire e rosolare l'agnello a fuoco vivace. Ritira e prenota.

Nello stesso olio soffriggere a fuoco lento l'aglio e la cipolla tagliati a pezzetti per 10 min. Aggiungere i pomodori grattugiati e cuocere fino a quando l'acqua evapora completamente. Aggiungere il vino e farlo sfumare. Versare il brodo, aggiungere l'agnello e cuocere per 50 minuti o fino a quando la carne è tenera. Stagione.

A parte, in un'altra padella, soffriggere i peperoni tagliati a dadini, i piselli, i carciofi tagliati in quarti, i fagioli privati del filo e tagliati in 8 pezzi e le fave. Versare il brodo di cottura dell'agnello e far bollire lentamente per 5 minuti. Aggiungere le patate sbucciate e tagliate a dadini. Cuocere finché sono teneri. Aggiungere l'agnello e un po' di brodo di cottura.

TRUCCO

Cuocere i piselli scoperti in modo che non diventino grigi.

MILLEFEUILLE DI AGOSTO CON FORMAGGIO DI CAPRA, MIELE E CURRY

INGREDIENTI

200 g di formaggio di capra

1 melanzana

Miele

Curry

Farina

Olio d'oliva

sale

ELABORAZIONE

Tagliate le melanzane a fettine sottili, disponetele su carta assorbente e salatele da entrambi i lati. Lasciare riposare per 20 min. Togliere il sale in eccesso, la farina e friggere.

Tagliare il formaggio a fettine sottili. Assemblare strati di melanzane e formaggio. Cuocere per 5 minuti a 160ºC.

Impiattare e aggiungere 1 cucchiaino di miele e un pizzico di curry su ogni fetta di melanzana.

TRUCCO

Tagliando le melanzane e lasciandole sotto sale, si elimina tutto l'amaro.

TORTA DI ASPARAGI BIANCHI E SALMONE AFFUMICATO

INGREDIENTI

400 g di asparagi in scatola

200 g di salmone affumicato

½ litro di panna

4 uova

Farina

Olio d'oliva

Sale e pepe

ELABORAZIONE

Sbattere tutti gli ingredienti fino ad ottenere un impasto fine. Filtrare per evitare fili di asparagi.

Versare in stampini individuali precedentemente imburrati e infarinati. Infornare a 170ºC per 20 min. Può essere preso caldo o freddo.

TRUCCO

Un accompagnamento perfetto è una maionese fatta con foglie di basilico fresco tritate.

PEPERONCINO PIQUILLO RIPIENO DI MORCILLA CON SALSA DI SENAPE DOLCE

INGREDIENTI

125 ml di panna

8 cucchiai di senape

2 cucchiai di zucchero

12 peperoni piquillo

2 sanguinacci

pinoli

Farina e uova (per guarnire)

Olio d'oliva

ELABORAZIONE

Sbriciolate il sanguinaccio e fatelo rosolare insieme a una manciata di pinoli in una padella ben calda. Fate raffreddare e farcite i peperoni. Passatele nella farina e nell'uovo e friggetele in abbondante olio.

Bollire la panna con la senape e lo zucchero fino a renderla densa. Servire i peperoni con la salsa piccante.

TRUCCO

Bisogna friggere i peperoni poco alla volta e con olio ben caldo.

CARDI CON SALSA DI MANDORLE

INGREDIENTI

900 g di cardamomo cotto

75 g granella di mandorle

50 g di farina

50 g di burro

1 litro di brodo di pollo

1dl di vino bianco

1 dl di panna

1 cucchiaio di prezzemolo fresco tritato

2 spicchi d'aglio

2 tuorli

1 cipolla

Olio d'oliva

Sale e pepe

ELABORAZIONE

Friggere lentamente le mandorle e la farina nel burro per 3 min. Versare il brodo di pollo senza smettere di sbattere e cuocere per altri 20 minuti. Unite la panna e, fuori dal fuoco, aggiungete i tuorli senza smettere di montare. Stagione.

A parte, soffriggere la cipolla e l'aglio tagliati a cubetti in olio d'oliva. Unite i cardi, alzate la fiamma e irrorate con il vino. Fatelo ridurre completamente.

Aggiungere il brodo al cardo e servire con prezzemolo in cima.

TRUCCO

Non surriscaldare la salsa una volta incorporati i tuorli, altrimenti cagliano e la salsa diventa grumosa.

PISTO

INGREDIENTI

4 pomodori maturi

2 peperoni verdi

2 zucchine

2 cipolle

1 peperone rosso

2-3 spicchi d'aglio

1 cucchiaino di zucchero

Olio d'oliva

sale

ELABORAZIONE

Scottare i pomodori, togliere la pelle e tagliarli a cubetti. Sbucciate e tagliate a cubetti anche le cipolle e le zucchine. Pulite i peperoni e tagliate la polpa a cubetti.

Rosolare l'aglio e la cipolla con un filo d'olio per 2 minuti. Aggiungere i peperoni e continuare a friggere per altri 5 minuti. Aggiungere le zucchine e cuocere ancora qualche minuto. Infine unire i pomodori e far cuocere fino a quando non perdono tutta la loro acqua. Rettifica lo zucchero e il sale e porta ad ebollizione.

TRUCCO

Si possono usare pomodori in scatola schiacciati o una buona salsa di pomodoro.

Porro CON VINAIGRETE DI VERDURE

INGREDIENTI

8 porri

2 spicchi d'aglio

1 peperone verde

1 peperone rosso

1 erba cipollina

1 cetriolo

12 cucchiai di olio

4 cucchiai di aceto

Sale e pepe

ELABORAZIONE

Tritare finemente i peperoni, l'erba cipollina, l'aglio e il cetriolo. Mescolare con olio, aceto, sale e pepe. Rimuovere.

Pulire il porro e cuocerlo in acqua bollente per 15 min. Rimuovere, asciugare e tagliare ciascuno in 3 pezzi. Impiattare e condire con la vinaigrette.

TRUCCO

Preparare una vinaigrette di pomodori, erba cipollina, capperi e olive nere. Gratinare il porro con la mozzarella e la salsa. Delizioso.

QUICHE DI PORRO, PANCETTA E FORMAGGIO

INGREDIENTI

200 g di formaggio manchego

1 litro di panna

8 uova

6 porri grandi, puliti

1 confezione di pancetta affumicata

1 confezione di pasta sfoglia surgelata

Farina

Olio d'oliva

Sale e pepe

ELABORAZIONE

Imburrate e infarinate uno stampo e foderatelo con la pasta sfoglia. Mettere un foglio di alluminio e le verdure sopra per evitare che si alzino e cuocere per 15 minuti a 185ºC.

Nel frattempo soffriggere lentamente il porro tritato. Aggiungere anche la pancetta tagliata finemente.

Aggiungere le uova sbattute con la panna, il porro, la pancetta e il formaggio grattugiato. Condite con sale e pepe e disponete questo composto sopra la pasta sfoglia e infornate a 165ºC per 45 minuti o finché non si solidifica.

TRUCCO

Per controllare se la quiche è cagliata, colpisci il centro con un ago. Se esce asciutto, la torta è già cotta.

POMODORI PROVENZALI

INGREDIENTI

100 g di pangrattato

4 pomodori

2 spicchi d'aglio

Prezzemolo

Olio d'oliva

Sale e pepe

ELABORAZIONE

Sbucciate e tritate finemente l'aglio e mescolatelo al pangrattato. Tagliate a metà i pomodorini e privateli dei semi.

Scaldate l'olio in una padella e aggiungete i pomodori tagliati verso il basso. Quando la pelle inizia a sollevarsi ai bordi, girala. Cuocere per altri 3 minuti e adagiarli su una teglia.

Rosolare il composto di pane e aglio nella stessa padella. Dopo aver tostato, cospargere i pomodori. Preriscaldate il forno a 180°C e infornate per 10 minuti, facendo attenzione a non farli seccare.

TRUCCO

Solitamente viene consumato come contorno, ma anche come secondo piatto accompagnato da mozzarella leggermente tostata.

CIPOLLE RIPIENE

INGREDIENTI

125 g di carne macinata

125 g di pancetta

2 cucchiai di passata di pomodoro

2 cucchiai di pangrattato

4 cipolle grandi

1 uovo

Olio d'oliva

Sale e pepe

ELABORAZIONE

Soffriggere la pancetta tagliata a dadini e la carne macinata con sale e pepe finché non perde il suo colore rosa. Aggiungere i pomodori e cuocere ancora 1 minuto.

Impastare la carne con l'uovo e il pangrattato.

Rimuovere il primo strato di cipolle e le loro basi. Cuocere coperto con acqua per 15 min. Asciugare, togliere il centro e farcire con la carne. Cuocere per 15 minuti a 175ºC.

TRUCCO

Si può preparare una salsa Mornay sostituendo metà del latte con l'acqua di cottura della cipolla. Salsa in cima e gratin.

CREMA DI FUNGHI CON NOCI

INGREDIENTI

1 kg di funghi misti

250ml di panna

Grappa 125 ml

2 spicchi d'aglio

noccioline

Olio d'oliva

Sale e pepe

ELABORAZIONE

Rosolare l'aglio a fettine in una casseruola. Alzate la fiamma e aggiungete i funghi puliti e tagliati a striscioline. Soffriggere per 3 min.

Irrorate con il cognac e fate restringere. Versare la panna e cuocere lentamente per altri 5 min. Pestare una manciata di noci in un mortaio e versarle sopra.

TRUCCO

Una buona opzione sono i funghi coltivati e persino disidratati.

TORTA DI POMODORO E BASILICO

INGREDIENTI

½ litro di panna

8 cucchiai di passata di pomodoro (vedi sezione Brodi e Sughi)

4 uova

8 foglie di basilico fresco

Farina

Olio d'oliva

Sale e pepe

ELABORAZIONE

Sbattere tutti gli ingredienti fino ad ottenere una pasta omogenea.

Preriscaldare il forno a 170ºC. Distribuire in stampini individuali precedentemente infarinati e imburrati e infornare per 20 minuti.

TRUCCO

È un'ottima opzione per utilizzare la salsa di pomodoro avanzata da un'altra ricetta.

PATATE COTTE CON POLLO AL CURRY

INGREDIENTI

1 kg di patate

½ litro di brodo di pollo

2 petti di pollo

1 cucchiaio di curry

2 spicchi d'aglio

2 pomodori

1 cipolla

1 foglia di alloro

Olio d'oliva

Sale e pepe

ELABORAZIONE

Tagliare il seno a cubetti medi. Salare e pepare e rosolare in olio bollente. Rimuovi e prenota.

Soffriggere la cipolla e l'aglio tagliati a cubetti nello stesso olio a fuoco basso per 10 min. Aggiungere il curry e rosolare per un altro minuto. Aggiungete il pomodoro grattugiato, alzate la fiamma e fate cuocere fino a quando il pomodoro perde tutta la sua acqua.

Sbucciare e scolare le patate. Buttarli nella salsa e cuocere per 3 min. Bagnare con brodo e alloro. Cuocere a fuoco basso fino a quando la patata è cotta e condire con sale e pepe.

TRUCCO

Prendete del brodo e delle patate e schiacciatele con una forchetta fino ad ottenere una purea. Rimettere in padella e far bollire per 1 minuto, mescolando continuamente. Questo addenserà il brodo senza bisogno di farina.

TALPA OVOS

INGREDIENTI

8 uova

pane bruciato

Sale e pepe

ELABORAZIONE

Mettete le uova in una padella coperte di acqua fredda e sale. Far bollire fino a quando l'acqua bolle un po '. Lasciare sul fuoco per 3 min.

Togliere l'uovo e lasciarlo raffreddare in acqua e ghiaccio. Rompi con cura il guscio superiore come un cappello. Condire con sale e pepe e servire con grissini tostati.

TRUCCO

È importante durante il primo minuto che l'uovo si muova in modo che il tuorlo sia al centro.

PATATE PER IMPORTANZA

INGREDIENTI

1 kg di patate

¾ l di brodo di pesce

1 bicchierino di vino bianco

1 cucchiaio di farina

2 spicchi d'aglio

1 cipolla

Farina e uova (per guarnire)

Prezzemolo

Olio d'oliva

ELABORAZIONE

Sbucciare e tagliare le patate a fette non troppo spesse. Infarinare e passare nell'uovo. Friggi e prenota.

A parte, soffriggere la cipolla e l'aglio, tagliati a pezzetti. Aggiungere e soffriggere il cucchiaio di farina e irrorare con il vino. Lasciare ridurre fino a quasi asciugare e annaffiare con il brodo. Cuocere 15 min a fuoco basso. Aggiustare di sale e aggiungere il prezzemolo.

Aggiungere le patate alla salsa e cuocere finché sono teneri.

TRUCCO

Si possono aggiungere dei pezzetti di rana pescatrice o nasello e gamberi.

UOVA MOLLET CON BILLETTA

INGREDIENTI

8 uova

150 g di porcini secchi

50 g di burro

50 g di farina

1 dl di vino dolce

2 spicchi d'aglio

Noce moscata

Aceto

Olio

Sale e pepe

ELABORAZIONE

Idratare i porcini per circa 1 ora in 1 litro di acqua calda. Nel frattempo cuocere le uova in acqua bollente con sale e aceto per 5 min. Rimuovere e rinfrescare immediatamente in acqua ghiacciata. Sbucciare con cura.

Filtrare i porcini e riservare l'acqua. Tagliare l'aglio a fettine e rosolarle leggermente in olio d'oliva. Aggiungere i porcini e cuocere per 2 minuti a fuoco vivo. Condire con sale e pepe e irrorare con il vino dolce fino a quando non si sarà ridotto e la salsa sarà asciutta.

Sciogliere il burro con la farina in una padella. Rosolare a fuoco basso per 5 minuti, mescolando continuamente. Versare l'acqua di idratazione del porcino. Cuocere per 15 minuti a fuoco basso, mescolando continuamente. Condire e aggiungere la noce moscata.

Impiattare disponendo sulla base i porcini, poi le uova e decorare sopra con la salsa.

TRUCCO

L'uovo di mollet dovrebbe avere l'albume cagliato e il tuorlo morbido.

PATATE E BRACCIO BIANCO

INGREDIENTI

1 kg di patate

600 g di merlano disossato e senza pelle

4 cucchiai di passata di pomodoro

1 cipolla grande

2 spicchi d'aglio

1 foglia di alloro

Brandy

Olio d'oliva

Sale e pepe

ELABORAZIONE

Sbucciare le patate, tagliarle in quarti e cuocerle per 30 min in acqua salata. Scolatele e passatele al passaverdure. Stendere la purea su pellicola trasparente e mettere da parte.

Tritare finemente la cipolla e l'aglio. Soffriggere a fuoco medio per 5 minuti e aggiungere la foglia di alloro e il merlano tritato e condito. Saltare per altri 5 minuti senza smettere di mescolare, bagnare con un po' di cognac e far restringere. Aggiungere la salsa di pomodoro e cuocere per un altro minuto. Lascialo raffreddare.

Distribuire il merlano sulla base della patata, avvolgerla a forma di involtino e conservare in frigo fino al momento di servire.

TRUCCO

Si può fare con qualsiasi pesce fresco o surgelato. Accompagnare con salsa rosa o aioli.

FRITTATA DA UTILIZZARE COTTA (ROPA VIEJA)

INGREDIENTI

125 g di sanguinaccio

100 g di pollo o pollo

60 g di cavolo

60 g di pancetta

1 cucchiaino di paprika

3 spicchi d'aglio

1 sanguinaccio

1 salsiccia

1 cipolla

2 cucchiai di olio d'oliva

sale

ELABORAZIONE

Tritare la cipolla e l'aglio a pezzetti. Rosolare a fuoco basso per 10 min. Tritare finemente la carne in umido e il cavolo e aggiungerli alla cipolla. Cuocere a fuoco medio fino a quando la carne è rosolata e rosolata.

Sbattere le uova e unirle alla carne. Aggiusta il sale.

Scaldare molto bene una padella, aggiungere l'olio e rosolare la tortilla da entrambi i lati.

TRUCCO

Accompagnare con una buona salsa di pomodoro al cumino.

PATATE RIPIENE CON SALMONE AFFUMICATO, PANCETTA E MELANZANE

INGREDIENTI

4 patate medie

250 g di pancetta

150 gr di parmigiano

200 g di salmone affumicato

½ litro di panna

1 melanzana

Olio d'oliva

Sale e pepe

ELABORAZIONE

Lavare bene le patate e cuocerle con la buccia a fuoco medio per 25 minuti o finché sono tenere. Scolare, tagliare a metà e svuotare, lasciando uno strato leggero. Prenota le patate intere e scolale.

Rosolare la pancetta tagliata a listarelle sottili in una padella molto calda. Ritira e prenota. Soffriggere le melanzane tagliate a cubetti nello stesso olio per 15 minuti o fino a renderle morbide.

Mettere in una casseruola le patate, le melanzane bollite, la pancetta, il salmone tagliato a striscioline, il parmigiano e la panna. Cuocere per 5 minuti a fuoco medio e condire.

Farcite le patate con la preparazione precedente e infornatele a 180ºC fino a doratura.

TRUCCO

Puoi fare delle melanzane con lo stesso ripieno.

CROCCHETTE DI PATATE E FORMAGGIO

INGREDIENTI

500 g di patate

150 g di parmigiano grattugiato

50 g di burro

Farina, uova e pangrattato (per guarnire)

2 tuorli

Noce moscata

Sale e pepe

ELABORAZIONE

Sbucciare, tagliare in quarti e cuocere le patate a fuoco medio con acqua e sale per 30 min. Scolare e passare attraverso il mulino. Aggiungere il burro caldo, i tuorli d'uovo, il sale, il pepe, la noce moscata e il parmigiano. Lascialo raffreddare.

Formare delle palline come delle crocchette e passarle nella farina, nell'uovo sbattuto e nel pangrattato. Friggere in abbondante olio fino a doratura.

TRUCCO

Prima di ricoprire, mettere al centro delle crocchette 1 cucchiaino di salsa di pomodoro e un pezzo di salsiccia fresca cotta. Sono deliziosi.

BUONE PATATE FRANCESI

INGREDIENTI

1 kg di patate tardive o semitardive (varietà acida o monalisa)

1 litro di olio d'oliva

sale

ELABORAZIONE

Sbucciare e tagliare le patate a bastoncini regolari. Lavateli in abbondante acqua fredda fino a quando non escono completamente trasparenti. Si asciuga bene.

Scaldare l'olio in una padella a fuoco medio, a circa 150°C. Quando inizia a bollire un po', ma sempre, aggiungete le patate e fate cuocere finché non saranno molto morbide, facendo attenzione a non romperle.

Alzate la fiamma al massimo con l'olio ben caldo e in porzioni diverse aggiungete le patate e mescolate con una schiumarola. Friggere fino a doratura e croccante. Togliere, scolare l'olio in eccesso e salare.

TRUCCO

Entrambe le temperature dell'olio sono importanti. Questo li rende molto morbidi all'interno e croccanti all'esterno. Aggiungere il sale alla fine.

UOVA ALLA FIORENTINA

INGREDIENTI

8 uova

800 g di spinaci

150 gr di prosciutto crudo

1 spicchio d'aglio

Besciamella (vedi sezione Brodi e Salse)

sale

ELABORAZIONE

Cuocere gli spinaci in acqua bollente salata per 5 min. Rinfrescare e strizzare in modo che perdano tutta l'acqua. Tritare finemente e mettere da parte.

Tritate l'aglio e fatelo rosolare per 1 minuto a fuoco medio. Aggiungere il prosciutto tagliato a dadini e cuocere ancora per 1 minuto. Alzate la fiamma, aggiungete gli spinaci e fate cuocere per altri 5 minuti. Quindi distribuire gli spinaci in 4 vasi di terracotta.

Versare 2 delle uova rotte sopra gli spinaci. Condire con la besciamella e infornare per 8 minuti a 170ºC.

TRUCCO

Le elaborazioni a base di spinaci si chiamano fiorentine.

PATATE PELATE CON ANGERILFT E GAMBERI

INGREDIENTI

4 patate

300 g di rana pescatrice disossata

250 g di gamberi sgusciati

½ litro di brodo di pesce

1 bicchiere di vino bianco

1 cucchiaio di polpa di peperoncino choricero

1 cucchiaino di paprika

8 fili di zafferano

3 fette di pane tostato

2 spicchi d'aglio

1 cipolla

Olio d'oliva

Sale e pepe

ELABORAZIONE

Soffriggere la cipolla e l'aglio tritati finemente a fuoco basso per 10 min. Aggiungere le fette di pane e far rosolare. Aggiungere lo zafferano, la paprika e il chorizo. Soffriggere 2 min.

Arricciare le patate e buttarle nella salsa. Soffriggere 3 min. Irrorate con il vino e fatelo sfumare completamente.

Aggiungere il brodo e cuocere a fuoco basso fino a quando le patate sono quasi cotte. Aggiungere la rana pescatrice tagliata a pezzi e i gamberi sgusciati. Condire e cuocere per altri 2 minuti. Lasciar riposare per 5 minuti fuori dal fuoco.

TRUCCO

Conservare le patate significa farle a pezzi senza tagliarle fino in fondo. Questo rende il brodo più denso.

UOVA STILE FLAMENCO

INGREDIENTI

8 uova

200 g di salsa di pomodoro

1 barattolo piccolo di peperone piquillo

4 cucchiai di piselli cotti

4 fette di prosciutto serrano

4 fette spesse di chorizo

4 asparagi sottaceto

ELABORAZIONE

Dividi la salsa di pomodoro in 4 pentole di terracotta. Metti 2 uova rotte in ognuna e distribuisci i piselli, il chorizo e il prosciutto tagliato a pezzi e i peperoni e gli asparagi tagliati a listarelle in mucchietti diversi.

Cuocere in forno a 190ºC fino a quando le uova non saranno leggermente solidificate.

TRUCCO

Si può fare con la salsiccia e anche con la salsiccia fresca.

TORTILLA TORTILLA

INGREDIENTI

6 uova

3 patate grandi

25 g di piselli cotti

25 g di salsiccia

25 g di prosciutto serrano

1 peperone verde

1 peperone rosso

1 cipolla

Olio d'oliva

Sale e pepe

ELABORAZIONE

Tagliare la cipolla e il peperone a pezzetti. Tagliare le patate sbucciate a fettine molto sottili. Soffriggere le patate con la cipolla e il peperone a fuoco medio.

Soffriggere il chorizo e il prosciutto tagliato a cubetti. Scolare le patate con la cipolla e il peperone. Combina con chorizo e prosciutto. Aggiungi i piselli.

Sbattere le uova, condire con sale e pepe e unire alle patate e agli altri ingredienti. Riscaldare bene una padella media, aggiungere la preparazione precedente e cagliare su entrambi i lati.

TRUCCO

Dovrebbe essere un po' cagliata, perché con il calore residuo è appena cotta. In questo modo risulterà più succoso.

UOVA ARROSTITE CON SALSICCIA E SENAPE

INGREDIENTI

8 uova

2 salsicce tedesche affumicate

5 cucchiai di senape

4 cucchiai di panna

2 cetrioli sottaceto

Sale e pepe

ELABORAZIONE

Mescolare i cetrioli tritati finemente con senape e panna.

Affettare sottilmente le salsicce nella base di 4 pentole di terracotta. Versare sopra la salsa di senape, quindi 2 uova rotte in ciascuna. Stagione.

Cuocere in forno a 180ºC fino a quando i bianchi sono sodi.

TRUCCO

Aggiungere al composto di senape e panna 2 cucchiai di parmigiano grattugiato e qualche rametto di timo fresco.

FRITTATA DI PATATE CON SALSA

INGREDIENTI

7 uova grandi

800 g di patate per friggere

1dl di vino bianco

¼ litro di brodo di pollo

1 cucchiaio di prezzemolo fresco

1 cucchiaino di paprika

1 cucchiaino di farina

3 spicchi d'aglio

olio vergine d'oliva

sale

ELABORAZIONE

Tritare finemente l'aglio e soffriggerlo a fuoco medio per 3 minuti senza farlo dorare troppo. Aggiungere la farina e saltare per 2 min. Aggiungere la paprika e saltare per 5 secondi. Aggiungere il vino e farlo sfumare completamente. Aggiungere il brodo e cuocere a fuoco basso per 10 minuti, mescolando di tanto in tanto. Aggiustare di sale e cospargere di prezzemolo.

Pela le patate. Tagliatele longitudinalmente in quarti e queste, a loro volta, a fettine sottili. Friggerli fino a renderli morbidi e leggermente dorati.

Sbattere le uova e aggiustare di sale. Scolate bene le patate e unitele alle uova sbattute. Aggiusta il sale.

Scaldate una padella antiaderente, mettete 3 cucchiai di olio di frittura delle patate e aggiungete il composto di uova e patate. Mescolare 15 s a fuoco alto. Giralo con un piatto. Riscaldare la padella e aggiungere altri 2 cucchiai di olio dalla frittura delle patate. Aggiungere la tortilla e rosolare a fuoco vivo per 15 secondi. Aggiustate di sale e fate cuocere a fuoco basso per 5 min.

TRUCCO

Puoi usare il brodo avanzato dagli stufati o il riso per questo tipo di ricetta.

PURRUSALDA

INGREDIENTI

1 kg di patate

200 g merluzzo dissalato

100 ml di vino bianco

3 porri medi

1 cipolla grande

ELABORAZIONE

Cuocere il merluzzo in 1 l di acqua fredda per 5 min. Togliere il merluzzo, tritarlo e togliere le lische. Conservare l'acqua di cottura.

Tagliate la cipolla a julienne e fatela appassire in una casseruola a fuoco basso per circa 20 min. Tagliare il porro a fette spesse e unirlo alla cipolla. Poach altri 10 min.

Spremere (tritare, non tagliare) le patate e aggiungerle allo stufato quando i porri sono sbollentati. Soffriggere un po' le patate, alzare la fiamma e sfumare con il vino bianco. Lascialo ridurre.

Bagnate lo spezzatino con l'acqua di cottura del baccalà, regolate di sale (deve risultare un po' insapore) e fate cuocere fino a quando le patate saranno morbide. Aggiungere il merluzzo e cuocere per un altro 1 minuto. Aggiustate di sale e lasciate riposare coperto per 5 min.

TRUCCO

Trasforma questo stufato in una crema. È solo necessario schiacciare e filtrare. delizioso.

PATATE ARROSTO

INGREDIENTI

500 g di patate

1 bicchiere di vino bianco

1 cipolla piccola

1 peperone verde

Olio d'oliva

sale

ELABORAZIONE

Sbucciare e tagliare le patate a fettine sottili. Tagliare la cipolla e il peperone a julienne. Mettere su una teglia. Salare e ungere bene con olio d'oliva. Mescolare in modo che tutto sia ben impregnato e coprire con un foglio di alluminio.

Cuocere a 160ºC per 1 ora. Togliere, togliere la carta e versare sopra il bicchiere di vino.

Cuocere scoperto a 200ºC per altri 15 min.

TRUCCO

Potete sostituire il vino con ½ bicchiere d'acqua, ½ bicchiere di aceto e 2 cucchiai di zucchero.

MISCELA DI FUNGHI

INGREDIENTI

8 uova

500 g di funghi puliti e affettati

100 g di prosciutto serrano a dadini

8 fette di pane tostato

2 spicchi d'aglio

Olio d'oliva

ELABORAZIONE

Tagliate l'aglio a fettine e fatelo rosolare leggermente insieme al prosciutto tagliato a dadini senza che prenda colore. Alzare la fiamma, unire i funghi puliti e affettati e far rosolare per 2 min.

Aggiungere le uova sbattute, sbattendo costantemente fino a quando leggermente cagliate e spumose.

TRUCCO

Non è necessario aggiungere sale, perché lo fornisce il prosciutto serrano.

UOVA SULLA ZOLLA CON ACCIUGHE E OLIVE

INGREDIENTI

8 uova

500 g di pomodoro

40 g di olive nere denocciolate

12 acciughe

10 capperi

3 spicchi d'aglio

1 erba cipollina

Origano

Zucchero

Olio d'oliva

sale

ELABORAZIONE

Tritare finemente l'aglio e l'erba cipollina. Rosolare a fuoco basso per 10 min.

Sbucciate, private dei semi e tagliate i pomodori a cubetti. Aggiungere alla salsa di aglio e cipolla. Alzate la fiamma e fate cuocere fino a quando i pomodorini perderanno tutta la loro acqua. Rettifica il sale e lo zucchero.

Distribuire i pomodori nei vasi di terracotta. Metti 2 uova rotte e aggiungi il resto degli ingredienti tritati sopra. Cuocere in forno a 180ºC fino a quando i bianchi sono sodi.

TRUCCO

L'aggiunta di zucchero nelle ricette che utilizzano i pomodori serve a bilanciare l'acidità che fornisce.

PATATE IN CREMA CON PANCETTA E PARMIGIANO

INGREDIENTI

1 kg di patate

250 g di pancetta

150 gr di parmigiano

300 ml di panna

3 cipolle

Noce moscata

Olio d'oliva

Sale e pepe

ELABORAZIONE

Mescolare la panna con il formaggio, il sale, il pepe e la noce moscata in una ciotola.

Sbucciare e tagliare a fettine sottili le patate e le cipolle. Soffriggere in padella fino a renderle morbide. Scolare e condire.

A parte fate rosolare la pancetta tagliata a striscioline e mettetela nella padella con le patate.

Disponete le patate su un piatto, coprite con la crema e infornate a 175°C fino a doratura.

TRUCCO

Questa ricetta può essere preparata anche senza lessare le patate. Basta cuocerli a 150ºC per 1 ora.

UOVA SODE

INGREDIENTI

8 uova

sale

ELABORAZIONE

Cuocere le uova dall'acqua bollente per 11 min.

Raffreddare con acqua e ghiaccio e sbucciare.

TRUCCO

Per facilitare la pelatura, mettere molto sale nell'acqua di cottura e sbucciare subito dopo che si è raffreddata.

PATATE ROBUSTE

INGREDIENTI

1 kg di patate piccole

500 g di sale grosso

ELABORAZIONE

Cuocere le patate in acqua salata fino a renderle morbide. Devono essere completamente ricoperti da un dito d'acqua in più. Scolare le patate.

Nella stessa padella (senza lavarle) rimettete le patate e portate a fuoco basso mescolando con cura fino a quando non si saranno asciugate. È allora che su ogni patata si crea un piccolo strato di sale e la sua buccia si raggrinzisce.

TRUCCO

Sono un perfetto accompagnamento al pesce salato. Prova un po' di pesto.

UOVA SPAVENTATE CON FUNGHI, GAMBERI E TRIGUEROS

INGREDIENTI

8 uova

300 g di funghi freschi

100 g di gamberi

250 ml di brodo di carne

2 cucchiai di Pedro Ximenez

1 cucchiaino di farina

1 mazzetto di asparagi selvatici

Olio d'oliva

1dl di aceto

Sale e pepe

ELABORAZIONE

Cuocere le uova in abbondante acqua bollente con sale e un bel pizzico di aceto. Spegnere il fuoco, coprire la padella e attendere 3 o 4 minuti. L'albume deve essere cotto e il tuorlo liquido. Rimuovere, scolare e condire.

Pulire gli asparagi e tagliarli a metà nel senso della lunghezza. Fateli rosolare in padella a fuoco vivo, salate e mettete da parte. Soffriggere i gamberi sgusciati e conditi nello stesso olio a fuoco molto vivo per 30 secondi. Rimuovere.

Rosolare i funghi affettati a fuoco vivace nella stessa padella per 1 minuto, aggiungere la farina e saltare per un altro minuto. Inumidire con Pedro

Ximénez fino a ridurre e asciugare. Bagnare con il brodo quasi salando e far bollire.

Mettere gli asparagi, i gamberi e i funghi su un piatto e adagiarvi sopra le uova. Condire con la salsa Pedro Ximénez.

TRUCCO

Cuocere il brodo con 1 rametto di rosmarino fino a raggiungere la metà del volume.

TRUCCO

Si accompagna perfettamente a tutti i tipi di carne, soprattutto quelle grasse come l'agnello e il maiale.

UOVA DEL GRANDUCA A SCAGLIE

INGREDIENTI

8 uova

125 g di parmigiano

30 g di burro

30 g di farina

½ litro di latte

4 fette di pane tostato

Noce moscata

Aceto

Sale e pepe

ELABORAZIONE

Preparare una besciamella facendo soffriggere la farina nel burro per 5 min a fuoco basso, aggiungere il latte mescolando continuamente e cuocere per altri 5 min. Aggiustate di sale, pepe e noce moscata.

Cuocere le uova in abbondante acqua bollente con sale e un bel pizzico di aceto. Spegnere il fuoco, coprire la padella e attendere 3 o 4 minuti. Rimuovere e scolare.

Mettere l'uovo in camicia sul pane tostato e condire con la besciamella. Cospargere con parmigiano grattugiato e grigliare in forno.

TRUCCO

Quando l'acqua bolle, mescolatela con una frusta e aggiungete subito l'uovo. Si ottiene così una forma arrotondata e perfetta.

PATATE CON COSTOLA

INGREDIENTI

3 patate grandi

1 kg di costine di maiale marinate

4 cucchiai di passata di pomodoro

2 spicchi d'aglio

1 foglia di alloro

1 peperone verde

1 peperone rosso

1 cipolla

Olio d'oliva

sale

ELABORAZIONE

Dividere e rosolare le costine in una padella molto calda. Rimuovi e prenota.

Nello stesso olio soffriggere il peperone, l'aglio e la cipolla tagliati a pezzi medi. Quando le verdure saranno morbide, unire la salsa di pomodoro e aggiungere nuovamente le costine. Mescolare e coprire con acqua. Aggiungere la foglia di alloro e cuocere a fuoco basso fino a renderla quasi morbida.

Quindi aggiungere le patate cachet. Aggiustate di sale e continuate la cottura fino a quando le patate saranno tenere.

TRUCCO

Arricciare le patate significa spezzarle con un coltello senza tagliarle fino in fondo. È così che le patate rilasciano amido e i brodi diventano più consistenti e densi.

UOVA FRITTE NEL PANE

INGREDIENTI

8 uova

70 g di burro

70 g di farina

Farina, uova e pangrattato (per guarnire)

½ litro di latte

Noce moscata

Olio d'oliva

Sale e pepe

ELABORAZIONE

Scaldare una padella con dell'olio d'oliva, friggere le uova lasciando il tuorlo crudo o pochissimo cotto. Scolate, salate e togliete l'olio in eccesso.

Preparare una besciamella facendo rosolare la farina nel burro fuso per 5 min. Aggiungere il latte, mescolando continuamente, e cuocere per 10 minuti a fuoco medio. Condire e condire con la noce moscata.

Coprire accuratamente le uova con la besciamella su tutti i lati. Fate raffreddare in frigo.

Passate le uova nella farina, nell'uovo sbattuto e nel pangrattato e friggetele in abbondante olio caldo fino a doratura.

TRUCCO

Più fresche sono le uova, meno schizzeranno durante la frittura. Per fare questo, rimuoverli dal frigorifero 15 minuti prima di friggerli.

PATATE NOCCIOLE

INGREDIENTI

750 g di patate

25 g di burro

1 cucchiaino di prezzemolo fresco tritato

2 cucchiai di olio d'oliva

Sale e pepe

ELABORAZIONE

Sbucciare le patate e togliere le palline con un pugno. Cuocili in una pentola di acqua fredda salata. Quando bolle per la prima volta, attendi 30 secondi e scola.

Sciogliere il burro con l'olio in una padella. Aggiungere le patate asciugate e scolate e cuocere a fuoco medio-basso finché le patate non saranno dorate e morbide all'interno. Aggiustate di sale, pepe e aggiungete il prezzemolo.

TRUCCO

Possono anche essere fatti in forno a 175ºC, mescolando di tanto in tanto fino a renderli morbidi e dorati.

uova di molletta

INGREDIENTI

8 uova

sale

Aceto

ELABORAZIONE

Cuocere le uova in acqua bollente con sale e aceto per 5 min. Rimuovere e rinfrescare immediatamente in acqua ghiacciata e sbucciare con cura.

TRUCCO

Per sbucciare facilmente le uova sode, aggiungi molto sale all'acqua.

PATATE ALLA RIOJANA

INGREDIENTI

2 patate grandi

1 cucchiaino di polpa di choricero o pepe ñora

2 spicchi d'aglio

1 chorizo asturiano

1 peperone verde

1 foglia di alloro

1 cipolla

peperoni

4 cucchiai di olio d'oliva

sale

ELABORAZIONE

Soffriggere l'aglio tritato nell'olio per 2 min. Aggiungere la cipolla tagliata a julienne e il peperone e rosolare per 25 minuti a fuoco medio-basso (deve essere dello stesso colore come se fosse caramellato). Aggiungere il cucchiaino di chorizo.

Aggiungere il chorizo tritato e saltare per altri 5 min. Aggiungere le patate ricce e cuocere per altri 10 minuti, mescolando continuamente. Condire con sale.

Aggiungere la paprika e coprire con acqua. Cuocere insieme alla foglia di alloro a fuoco molto basso fino a quando le patate saranno cotte.

TRUCCO

Puoi fare una crema con gli avanzi. È un aperitivo spettacolare.

PATATE CON CHOCOCO

INGREDIENTI

3 patate grandi

1 kg di seppie

3 spicchi d'aglio

1 lattina di piselli

1 cipolla grande

Brodo di pesce

Prezzemolo

Olio d'oliva

sale

ELABORAZIONE

Tagliate a pezzetti la cipolla, l'aglio e il prezzemolo. Rosolare il tutto in padella a fuoco medio.

Una volta sbollentate le verdure, alzate la fiamma al massimo e fate soffriggere per 5 minuti le seppie tagliate a pezzi di media grandezza. Coprite con brodo di pesce (o acqua fredda) e fate cuocere fino a quando le seppie saranno tenere. Aggiustate di sale e aggiungete le patate sbucciate e ricce ei piselli.

Abbassare la fiamma e cuocere fino a quando le patate saranno cotte. Aggiustare di sale e servire caldo.

TRUCCO

È molto importante friggere le seppie a fuoco molto alto, altrimenti diventeranno dure e poco succose.

FRITTATA DI GAMBERI CON AGLIO

INGREDIENTI

8 uova

350 g di gamberi sgusciati

4 spicchi d'aglio

1 pepe di cayenna

Olio d'oliva

sale

ELABORAZIONE

Tagliare l'aglio a fettine e rosolarle leggermente con il pepe di cayenna. Unite i gamberi, aggiustate di sale e togliete dal fuoco. Scolare i gamberi, l'aglio e il pepe di cayenna.

Riscaldare bene la padella con l'olio all'aglio. Sbattere e condire le uova. Aggiungete i gamberi e l'aglio e fate rapprendere leggermente arrotolandolo su se stesso.

TRUCCO

Per evitare che la tortilla si attacchi alla padella, scaldala bene prima di aggiungere l'olio.

PATATE COTTE CON COD

INGREDIENTI

1 kg di patate

500 g merluzzo dissalato

1 litro di fumo

2 spicchi d'aglio

1 peperone verde

1 peperone rosso

1 cipolla

prezzemolo fresco tritato

Olio d'oliva

sale

ELABORAZIONE

Tritare finemente la cipolla, l'aglio e i peperoni. Saltare le verdure a fuoco basso per 15 min.

Aggiungere le patate ricce (strappate, non tagliate) e rosolare per altri 5 minuti.

Bagnare con il fumetto fino al punto di sale e cuocere fino a quando le patate sono quasi pronte. Quindi aggiungere il merluzzo e il prezzemolo e cuocere per 5 min. Aggiustare di sale e servire caldo.

TRUCCO

Puoi aggiungere 1 bicchierino di vino bianco e alcuni peperoncini di cayenna prima del fumetto.

PURÈ DI PATATE

INGREDIENTI

400 g di patate

100 g di burro

200 ml di latte

1 foglia di alloro

Noce moscata

Sale e pepe

ELABORAZIONE

Cuocere le patate lavate e tagliate con la foglia di alloro a fuoco medio fino a renderle morbide. Scolate le patate e passatele al passapatate.

Bollire il latte con il burro, la noce moscata, il sale e il pepe.

Versare il latte sulle patate e sbattere con un fouet. Correggere, se necessario, ciò che manca.

TRUCCO

Aggiungere 100 g di parmigiano grattugiato e sbattere con una frusta. Il risultato è delizioso.

FRITTATA DI FAGIOLI CON MORCILLA

INGREDIENTI

8 uova

400 g di fave

150 g di chorizo

1 spicchio d'aglio

1 cipolla

Olio d'oliva

sale

ELABORAZIONE

Cuocere le fave in acqua bollente con poco sale fino a renderle morbide. Filtrare e rinfrescare con acqua fredda e ghiaccio.

Tritare finemente la cipolla e l'aglio. Rosolare a fuoco basso per 10 min insieme al sanguinaccio, facendo attenzione a non romperlo. Aggiungere le fave e cuocere altri 2 minuti.

Sbattere le uova e il sale. Aggiungere le fave e cagliare in una padella molto calda.

TRUCCO

Per rendere il piatto ancora più scenografico, togliete la pelle a ciascuna delle fave subito dopo il raffreddamento. Avrà una consistenza più fine.

SRAMBLE DI AGLIO E FRUMENTO

INGREDIENTI

8 uova

100 g di germogli di aglio

8 fette di pane tostato

8 asparagi selvatici

2 spicchi d'aglio

Olio d'oliva

Sale e pepe

ELABORAZIONE

Tritare finemente i germogli d'aglio e gli asparagi sbucciati. Tagliate l'aglio a fettine e fatelo rosolare insieme ai germogli d'aglio e agli asparagi. Stagione.

Aggiungere le uova sbattute, mescolando continuamente fino a quando leggermente cagliate. Servire le uova strapazzate su fette di pane tostato.

TRUCCO

Le uova possono anche essere fatte in una ciotola a bagnomaria a fuoco medio, mescolando continuamente. Avranno una consistenza mielata.

PATATE AL FORNO CON NISCALE

INGREDIENTI

6 patate grandi

500 g di finferli

1 cucchiaio raso di paprika dolce

1 spicchio d'aglio

1 cipolla

½ peperone verde

½ peperoncino

Paprika piccante

Brodo di manzo (quello necessario per coprire)

ELABORAZIONE

Saltare le verdure a pezzetti a fuoco basso per 30 min. Aggiungere le patate ricce (strappate, non tagliate) e saltare per 5 min. Aggiungere i finferli puliti, tagliati in quarti e privati del picciolo.

Soffriggere per 3 minuti e aggiungere la paprika dolce e un po' di spezie. Coprire con il brodo e aggiustare di sale (deve risultare un po' insipido). Cuocere a fuoco basso e aggiustare di sale.

TRUCCO

Togliere un paio di patate lesse con un po' di brodo, schiacciarle e unirle nuovamente allo spezzatino in modo che la salsa si addensi.

FRITTATA DI BILLETTE E GAMBERI

INGREDIENTI

8 uova

400 g di porcini puliti

150 g di gamberi

3 spicchi d'aglio

2 cucchiai di olio d'oliva

Sale e pepe

ELABORAZIONE

Tritare finemente l'aglio e farlo rosolare leggermente in una padella a fuoco medio.

Tagliate i porcini a dadini, alzate la fiamma e aggiungete l'aglio nella padella. Cuocere 3 min. Aggiungere i gamberi sgusciati e conditi e friggere per un altro 1 minuto.

Sbattere e salare le uova. Aggiungere i porcini e i gamberi. Scaldare bene una padella con 2 cucchiai di olio d'oliva e rosolare la tortilla su entrambi i lati.

TRUCCO

Quando tutti gli ingredienti si saranno amalgamati, aggiungete un filo di olio al tartufo. Una delizia.

UOVA GRATINATE

INGREDIENTI

8 uova

125 g di parmigiano

8 fette di prosciutto serrano

8 fette di pane tostato

Besciamella (vedi sezione Brodi e Salse)

Aceto

Sale e pepe

ELABORAZIONE

Cuocere le uova in abbondante acqua bollente con sale e un bel pizzico di aceto. Spegnere il fuoco, coprire la padella e attendere 3 o 4 minuti. Rimuovere e rinfrescare con acqua e ghiaccio. Scolate con una schiumarola e lasciate riposare su carta da cucina.

Dividere il prosciutto serrano in 4 casseruole. Adagiatevi sopra le uova, irrorate con la besciamella e cospargete con il parmigiano grattugiato. Gratinare fino a quando il formaggio è dorato.

TRUCCO

Si può fare con la pancetta affumicata e anche con la Sobrassada.

Frittata Di Zucchine E Pomodori

INGREDIENTI

8 uova

2 pomodori

1 zucchina

1 cipolla

Olio d'oliva

sale

ELABORAZIONE

Tagliare la cipolla a listarelle sottili e soffriggere a fuoco basso per 10 min.

Tagliate a fettine la zucchina e il pomodoro e fateli rosolare in una padella ben calda. Dopo la doratura, tagliare le zucchine e il pomodoro a listarelle sottili. Aggiungere la cipolla e aggiustare di sale.

Sbattere le uova e mescolare con le verdure. Aggiusta il sale. Scaldate bene una padella e semicagliate la tortilla a contatto con tutta la superficie della padella e poi arrotolatela su se stessa.

TRUCCO

Prova a farla con melanzane a dadini e besciamella a parte.

PATATE REVOLCONA CON TORREZNOS

INGREDIENTI

400 g di patate

1 cucchiaio di paprika

2 fette di pancetta marinata per torreznos

2 spicchi d'aglio

pepe di cayenna macinato

Olio d'oliva

sale

ELABORAZIONE

Sbucciare e cuocere le patate in una casseruola fino a renderle molto morbide. Conservare l'acqua di cottura.

Nel frattempo soffriggere la carne di pancetta a dadini a fuoco basso in pochissimo olio per 10 minuti o fino a renderla croccante. Rimuovi le torrette.

Soffriggere nello stesso grasso l'aglio tagliato a pezzetti. Friggere anche la paprika e aggiungerla alla casseruola di patate. Aggiungere un po' di sale e un pizzico di pepe di cayenna macinato.

Schiacciare con delle bacchette e irrorare con un po' di brodo di cottura delle patate, se necessario.

TRUCCO

Cuocere sempre le patate in acqua fredda, evitando così che si induriscano o impieghino più tempo ad ammorbidirsi.

FRITTATA DI FUNGHI E PARMIGIANO

INGREDIENTI

8 uova

300 g di funghi affettati

150 g di parmigiano grattugiato

4 spicchi d'aglio

1 pepe di cayenna

Olio d'oliva

sale

ELABORAZIONE

Tagliare l'aglio a fettine e rosolarle leggermente con il pepe di cayenna. Aggiungere i funghi a fuoco vivace, salare e far rosolare per 2 min. Togliere dal fuoco. Scolare i funghi, l'aglio e il pepe di Caienna.

Riscaldare bene la padella con l'olio all'aglio. Sbattete e condite le uova, aggiungete i funghi, il parmigiano grattugiato e l'aglio. Filtrare leggermente la tortilla, arrotolandola su se stessa.

TRUCCO

Accompagnare con una buona salsa di pomodoro condita con cumino.

TAMBURO DI POLLO CON WHISKY

INGREDIENTI

12 cosce di pollo

200 ml di panna

150 ml di whisky

100 ml di brodo di pollo

3 gemme

1 erba cipollina

Farina

Olio d'oliva

Sale e pepe

ELABORAZIONE

Condire, infarinare e rosolare le cosce di pollo. Ritira e prenota.

Soffriggere l'erba cipollina a fettine sottili nello stesso olio per 5 min. Aggiungere il whisky e flambé (il cappuccio deve essere spento). Versare la panna e il brodo. Aggiungere nuovamente il pollo e cuocere per 20 minuti a fuoco basso.

Togliete dal fuoco, aggiungete i tuorli e mescolate con cura in modo che la salsa si addensi leggermente. Aggiustate di sale e pepe se necessario.

TRUCCO

Il whisky può essere sostituito con la bevanda alcolica che più ci piace.

ANATRA ARROSTO

INGREDIENTI

1 anatra pulita

1 litro di brodo di pollo

4 dl di salsa di soia

3 cucchiai di miele

2 spicchi d'aglio

1 cipolla piccola

1 pepe di cayenna

zenzero fresco

Olio d'oliva

Sale e pepe

ELABORAZIONE

In una ciotola mescolare il brodo di pollo, la soia, l'aglio grattugiato, il pepe di cayenna e la cipolla tritati finemente, il miele, un pezzetto di zenzero grattugiato e il pepe. Marinare l'anatra in questa miscela per 1 ora.

Togliere dalla macerazione e mettere in una pirofila con metà del liquido di macerazione. Grigliare a 200ºC per 10 minuti per lato. Costantemente bagnato con un pennello.

Abbassare il forno a 180ºC e cuocere per altri 18 minuti per lato (continuare a dipingere ogni 5 minuti con un pennello).

Rimuovere e mettere da parte l'anatra e ridurre la salsa della metà in una casseruola a fuoco medio.

TRUCCO

All'inizio arrostisci gli uccelli con il petto rivolto verso il basso, questo li renderà meno asciutti e più succosi.

PETTO DI POLLO ALLA VILLAROY

INGREDIENTI

1 kg di petto di pollo

2 carote

2 gambi di sedano

1 cipolla

1 porro

1 rapa

Farina, uova e pangrattato (per guarnire)

per il besamel

1 litro di latte

100 g di burro

100 g di farina

Noce moscata

Sale e pepe

ELABORAZIONE

Cuocere tutte le verdure pulite in 2 l di acqua (fredda) per 45 min.

Nel frattempo preparare una besciamella facendo rosolare la farina nel burro a fuoco medio-basso per 5 min. Quindi aggiungere il latte e mescolare. Condire e aggiungere la noce moscata. Cuocere per 10 minuti a fuoco basso senza smettere di battere.

Filtrare il brodo e cuocere i petti (interi o filetti) per 15 min. Scolateli e lasciateli raffreddare. Innaffia bene i petti con la salsa besciamella e metti da parte in frigo. Una volta fredda passarla nella farina, poi nell'uovo e infine nel pangrattato. Friggere in abbondante olio e servire caldo.

TRUCCO

Puoi usare il brodo e le verdure schiacciate per fare una squisita crema.

PETTO DI POLLO CON SENAPE E SALSA DI LIMONE

INGREDIENTI

4 petti di pollo

250ml di panna

3 cucchiai di grappa

3 cucchiai di senape

1 cucchiaio di farina

2 spicchi d'aglio

1 limone

½ erba cipollina

Olio d'oliva

Sale e pepe

ELABORAZIONE

Condire e rosolare i petti tagliati a pezzi regolari con un filo d'olio. Prenotazione.

Soffriggere nello stesso olio l'erba cipollina e l'aglio tritato finemente. Aggiungere la farina e cuocere 1 min. Aggiungere il brandy fino a farlo evaporare e versare la panna, 3 cucchiai di succo di limone e la sua scorza, la senape e il sale. Cuocere la salsa per 5 minuti.

Aggiungere nuovamente il pollo e cuocere a fuoco basso per altri 5 minuti.

TRUCCO

Grattugiare il limone prima di estrarne il succo. Per risparmiare si può fare anche con il petto di pollo tritato.

GAUNETTE ARROSTO CON PRUGNE E FUNGHI

INGREDIENTI

1 faraona

250 g di funghi

porta 200 ml

¼ litro di brodo di pollo

15 prugne snocciolate

1 spicchio d'aglio

1 cucchiaino di farina

Olio d'oliva

Sale e pepe

ELABORAZIONE

Salare, pepare e arrostire le faraone insieme alle prugne per 40 min a 175ºC. A metà cottura giratela. Trascorso il tempo, rimuovere e riservare i succhi.

Soffriggere 2 cucchiai di olio e la farina in una padella per 1 minuto. Bagnate con il vino e fatelo ridurre della metà. Bagnare con i succhi di padella e il brodo. Cuocere per 5 minuti senza smettere di mescolare.

A parte soffriggere i funghi con un po' di aglio tritato, unirli al sugo e portare a bollore. Servire la faraona con la salsa.

TRUCCO

Per le occasioni speciali puoi farcire la faraona con mele, foie, carne macinata, noci.

 AVES

PETTO DI POLLO VILLAROY RIPIENO DI PIQUILLOS CARAMELLATI ALL'ACETO DI MODENA

INGREDIENTI

4 filetti di petto di pollo

100 g di burro

100 g di farina

1 litro di latte

1 barattolo di peperone piquillo

1 bicchiere di aceto di Modena

½ tazza di zucchero

Noce moscata

Uovo e pangrattato (per ricoprire)

Olio d'oliva

Sale e pepe

ELABORAZIONE

Soffriggere il burro e la farina per 10 minuti a fuoco basso. Quindi versare il latte e cuocere per 20 minuti, mescolando continuamente. Condire e aggiungere la noce moscata. Lascialo raffreddare.

Nel frattempo, caramellare i peperoni con l'aceto e lo zucchero fino a quando l'aceto inizia (appena inizia) ad addensarsi.

Condire i filetti con sale e pepe e farcire con il peperoncino piquillo. Avvolgete i petti nella pellicola trasparente come se fossero dei bon bon ben sodi, chiudete e cuocete per 15 minuti in acqua.

Una volta cotte, cospargerle di besciamella su tutti i lati e passarle nell'uovo sbattuto e nel pangrattato. Friggere in abbondante olio.

TRUCCO

Se aggiungete qualche cucchiaio di curry mentre la farina sta saltando per la besciamella, il risultato è diverso e molto ricco.

PETTI DI POLLO RIPIENI DI PANCETTA, FUNGHI E FORMAGGIO

INGREDIENTI

4 filetti di petto di pollo

100 g di funghi

4 fette di pancetta affumicata

2 cucchiai di senape

6 cucchiai di panna

1 cipolla

1 spicchio d'aglio

formaggio a fette

Olio d'oliva

Sale e pepe

ELABORAZIONE

Condire i filetti di pollo. Pulire e tagliare i funghi in quarti.

Rosolare la pancetta e soffriggere a fuoco vivo i funghi tritati con l'aglio.

Farcire i filetti con pancetta, formaggio e funghi, e chiuderli perfettamente con pellicola trasparente tipo caramelle. Cuocere per 10 min in acqua bollente. Togliere la pellicola e filettare.

D'altra parte, cuocere a fuoco lento la cipolla tagliata a pezzetti, aggiungere la panna e la senape, cuocere per 2 minuti e mescolare. Soffriggere sopra il pollo

TRUCCO

La pellicola trasparente resiste alle alte temperature e non aggiunge sapore ai cibi.

POLLO AL VINO DOLCE CON PRUGNE

INGREDIENTI

1 pollo grande

100 g di prugne snocciolate

½ litro di brodo di pollo

½ bottiglia di vino dolce

1 erba cipollina

2 carote

1 spicchio d'aglio

1 cucchiaio di farina

Olio d'oliva

Sale e pepe

ELABORAZIONE

Condire e rosolare il pollo tagliato a pezzi in una padella molto calda con l'olio. Rimuovi e prenota.

Nello stesso olio soffriggere l'erba cipollina tritata, l'aglio e le carote. Quando le verdure saranno ben sbollentate, aggiungete la farina e cuocete per un altro minuto.

Immergere nel vino dolce e aumentare il calore fino a quando non si sarà ridotto quasi completamente. Aggiungere il brodo e aggiungere nuovamente il pollo e le prugne.

Cuocere per circa 15 minuti o fino a quando il pollo è tenero. Rimuovere il pollo e mescolare nella salsa. Mettere al punto di sale.

TRUCCO

Se aggiungi un po 'di burro freddo alla salsa tritata e la sbatti con una frusta, otterrà più spessore e lucentezza.

PETTO DI POLLO ALL'ARANCIA E ANACARDI

INGREDIENTI

4 petti di pollo

75 g di anacardi

2 bicchieri di succo d'arancia naturale

4 cucchiai di miele

2 cucchiai di Cointreau

Farina

Olio d'oliva

Sale e pepe

ELABORAZIONE

Condire e infarinare i petti. Fateli rosolare in abbondante olio, toglieteli e metteteli da parte.

Cuocere il succo d'arancia con il Cointreau e il miele per 5 minuti. Aggiungere i petti alla salsa e cuocere a fuoco basso per 8 min.

Servire con la salsa e gli anacardi in cima.

TRUCCO

Un altro modo per fare una buona salsa all'arancia è iniziare con caramelle non troppo scure e aggiungere del succo d'arancia fresco.

PERNICA PICKLETTOED

INGREDIENTI

4 pernici

300 g di cipolla

200 g di carote

2 bicchieri di vino bianco

1 testa d'aglio

1 foglia di alloro

1 bicchiere di aceto

1 bicchiere di olio

Sale e 10 grani di pepe

ELABORAZIONE

Condire e rosolare le pernici a fuoco vivo. Ritira e prenota.

Nello stesso olio soffriggere le carote e le cipolle tagliate a julienne. Quando le verdure sono morbide, aggiungere il vino, l'aceto, il pepe in grani, il sale, l'aglio e l'alloro. Soffriggere per 10 min.

Rimettete la pernice e fatela cuocere a fuoco basso per altri 10 minuti.

TRUCCO

Affinché la carne o il pesce in salamoia abbiano il massimo sapore, è meglio lasciarli riposare per almeno 24 ore.

POLLO ALLA CACCIATORA

INGREDIENTI

1 pollo tritato

50 g di funghi affettati

½ litro di brodo di pollo

1 bicchiere di vino bianco

4 pomodori grattugiati

2 carote

2 spicchi d'aglio

1 porro

½ cipolla

1 mazzo di erbe aromatiche (timo, rosmarino, alloro...)

Olio d'oliva

Sale e pepe

ELABORAZIONE

Condire e rosolare il pollo in una padella ben calda con un filo d'olio d'oliva. Rimuovi e prenota.

Nello stesso olio soffriggere la carota, l'aglio, il porro e la cipolla tagliati a pezzetti. Quindi aggiungere il pomodoro grattugiato. Soffriggere fino a quando il pomodoro perde la sua acqua. Rimetti a posto il pollo.

A parte fate rosolare i funghi e aggiungeteli anche allo spezzatino. Irrorate con il bicchiere di vino e fate sfumare.

Bagnate con il brodo e aggiungete le erbe aromatiche. Cuocere fino a quando il pollo è tenero. Aggiusta il sale.

TRUCCO

Questo piatto può essere preparato anche con tacchino e persino coniglio.

ALI DI POLLO STILE COCA COLA

INGREDIENTI

1 kg di ali di pollo

½ litro di Coca Cola

4 cucchiai di zucchero di canna

2 cucchiai di salsa di soia

1 cucchiaio raso di origano

½ limone

Sale e pepe

ELABORAZIONE

Versare in un pentolino la Coca-Cola, lo zucchero, la soia, l'origano e il succo di ½ limone e cuocere per 2 min.

Tagliare le ali a metà e condirle. Portare in forno a 160ºC finché non prendono un po' di colore. A questo punto aggiungete metà della salsa e girate le ali. Girarli ogni 20 min.

Quando la salsa sarà quasi ridotta, aggiungete l'altra metà e continuate la cottura fino a quando la salsa si sarà addensata.

TRUCCO

L'aggiunta di un rametto di vaniglia durante la preparazione della salsa esalta il sapore e le conferisce un tocco distintivo.

POLLO ALL'AGLIO

INGREDIENTI

1 pollo tritato

8 spicchi d'aglio

1 bicchiere di vino bianco

1 cucchiaio di farina

1 pepe di cayenna

Aceto

Olio d'oliva

Sale e pepe

ELABORAZIONE

Condire il pollo e farlo rosolare bene. Prenota e lascia temperare l'olio d'oliva.

Tagliare gli spicchi d'aglio a cubetti e confit (mettere in olio, non soffriggere) l'aglio e il pepe di cayenna senza farlo imbiondire.

Bagnate con il vino e fate restringere fino a che non abbia una certa densità, ma non si asciughi.

Quindi aggiungere il pollo e poco alla volta il cucchiaino di farina sopra. Mescolare (assicurarsi che l'aglio aderisca al pollo; in caso contrario, aggiungere un po' più di farina finché non si attacca leggermente).

Coprire e mescolare di tanto in tanto. Cuocere per 20 min a fuoco basso. Completare con un po' di aceto e cuocere per un altro minuto.

TRUCCO

Il pollo saltato in padella è essenziale. Deve essere a fuoco molto alto in modo che sia dorato all'esterno e succoso all'interno.

POLLO AL CHILINDRON

INGREDIENTI

1 piccolo pollo tritato

350 g di prosciutto serrano tritato

1 barattolo da 800 g di polpa di pomodoro

1 peperone rosso grosso

1 peperone verde grande

1 cipolla grande

2 spicchi d'aglio

Timo

1 bicchiere di vino bianco o rosso

Zucchero

Olio d'oliva

Sale e pepe

ELABORAZIONE

Condire il pollo e friggerlo a fuoco vivo. Rimuovi e prenota.

Nello stesso olio soffriggere i peperoni, l'aglio e la cipolla tagliati a pezzi medi. Quando le verdure saranno ben dorate, aggiungete il prosciutto e fate soffriggere per altri 10 minuti.

Rimettete il pollo e irrorate con il vino. Lasciar ridurre a fuoco vivace per 5 minuti e aggiungere il pomodoro e il timo. Abbassare la fiamma e cuocere per altri 30 min. Rettifica il sale e lo zucchero.

TRUCCO

Questa stessa ricetta può essere fatta con le polpette. Non rimarrà niente nel piatto!

QUAGLIE IN PICTLETE E FRUTTI ROSSI

INGREDIENTI

4 quaglie

150 g di frutti rossi

1 bicchiere di aceto

2 bicchieri di vino bianco

1 carota

1 porro

1 spicchio d'aglio

1 foglia di alloro

Farina

1 bicchiere di olio

sale e pepe nero

ELABORAZIONE

Infarinare, condire e rosolare le quaglie in padella. Rimuovi e prenota.

Soffriggere nello stesso olio la carota e il porro tagliati a bastoncini e l'aglio a fettine. Quando le verdure sono morbide, aggiungere l'olio, l'aceto e il vino.

Aggiungere la foglia di alloro e il pepe. Aggiustare di sale e cuocere per 10 min insieme ai frutti rossi.

Aggiungere le quaglie e cuocere per altri 10 minuti finché non saranno tenere. Lasciar riposare coperto dal fuoco.

TRUCCO

Questa marinata insieme alla carne di quaglia forma una salsa meravigliosa e accompagna una buona insalata di lattuga.

POLLO AL LIMONE

INGREDIENTI

1 pollo

30 g di zucchero

25 g di burro

1 litro di brodo di pollo

1dl di vino bianco

Succo di 3 limoni

1 cipolla

1 porro

Olio d'oliva

Sale e pepe

ELABORAZIONE

Tritare e condire il pollo. Rosolare a fuoco alto e togliere.

Sbucciare la cipolla e pulire i porri e tagliarli a julienne. Soffriggere le verdure nello stesso olio in cui è stato fatto il pollo. Bagnate con il vino e fate sfumare.

Aggiungere il succo di limone, lo zucchero e il brodo. Cuocere per 5 minuti e rimettere il pollo. Cuocere a fuoco basso per altri 30 min. Aggiustate di sale e pepe.

TRUCCO

Affinché la salsa sia più sottile e senza pezzi di verdure, è meglio schiacciarla.

POLLO SAN JACOBO CON PROSCIUTTO SERRANO, TORTA DEL CASAR E RUCOLA

INGREDIENTI

8 filetti di pollo sottili

Torta nuziale da 150 g

100 g di rucola

4 fette di prosciutto serrano

Farina, uova e cereali (per guarnire)

Olio d'oliva

Sale e pepe

ELABORAZIONE

Condire i filetti di pollo e condire con il formaggio. Disponete su uno di essi la rucola e il prosciutto serrano e adagiatene sopra un altro per chiudere. Fai lo stesso con il resto.

Passatele nella farina, nell'uovo sbattuto e nei cereali tritati. Friggere in abbondante olio caldo per 3 min.

TRUCCO

Può essere ricoperto di popcorn schiacciato, kikos e persino vermi. Il risultato è molto divertente.

POLLO ARROSTITO AL CURRY

INGREDIENTI

4 punte di pollo (a persona)

1 litro di panna

1 erba cipollina o cipolla

2 cucchiai di curry

4 yogurt naturali

sale

ELABORAZIONE

Tagliate la cipolla a pezzetti e mescolatela in una ciotola con lo yogurt, la panna e il curry. Condire con sale.

Incidete il pollo e lasciatelo marinare nella salsa allo yogurt per 24 ore.

Infornare a 180ºC per 90 min, togliere il pollo e servire con la salsa montata.

TRUCCO

Se avanza della salsa, può essere utilizzata per preparare deliziose polpette.

POLLO AL VINO ROSSO

INGREDIENTI

1 pollo tritato

½ litro di vino rosso

1 rametto di rosmarino

1 rametto di timo

2 spicchi d'aglio

2 porri

1 peperone rosso

1 carota

1 cipolla

Brodo di pollo

Farina

Olio d'oliva

Sale e pepe

ELABORAZIONE

Condire e rosolare il pollo in una casseruola ben calda. Rimuovi e prenota.

Tagliare le verdure a pezzetti e friggerle nello stesso olio in cui è stato fritto il pollo.

Irrorate con il vino, aggiungete le erbe aromatiche e fate cuocere per circa 10 minuti a fuoco vivo fino a quando non si sarà ridotto. Aggiungere nuovamente il pollo e bagnare con il brodo fino a coprirlo. Cuocere per altri 20 minuti o fino a quando la carne è tenera.

TRUCCO

Se vuoi una salsa più sottile e senza grumi, colpisci il frullatore e filtra la salsa.

POLLO ARROSTO CON BIRRA NERA

INGREDIENTI

4 punte di pollo

Birra robusta da 750 ml

1 cucchiaio di cumino

1 rametto di timo

1 rametto di rosmarino

2 cipolle

3 spicchi d'aglio

1 carota

Sale e pepe

ELABORAZIONE

Tagliate a julienne le cipolle, le carote e l'aglio. Mettere il timo e il rosmarino sul fondo di una pirofila e adagiarvi sopra la cipolla, la carota e l'aglio; e poi le punte di pollo, con la pelle rivolta verso il basso, condite e cosparse di cumino. Infornare a 175ºC per circa 45 min.

Bagnate con la birra dopo 30 min, girate il retro e infornate per altri 45 min. Quando il pollo è cotto, togliere dalla padella e mantecare con la salsa.

TRUCCO

Se metti 2 mele a fette al centro della padella e le schiacci insieme al resto della salsa, il sapore è ancora migliore.

PERNICE AL CIOCCOLATO

INGREDIENTI

4 pernici

½ litro di brodo di pollo

½ bicchiere di vino rosso

1 rametto di rosmarino

1 rametto di timo

1 erba cipollina

1 carota

1 spicchio d'aglio

1 pomodoro grattugiato

Cioccolato

Olio d'oliva

Sale e pepe

ELABORAZIONE

Condire e rosolare le pernici. Prenotazione.

Soffriggere la carota, l'aglio e l'erba cipollina tritati finemente nello stesso olio a fuoco medio. Alzate la fiamma e aggiungete il pomodoro. Cuocere fino a perdere l'acqua. Bagnare con il vino e farlo sfumare quasi del tutto.

Aggiungere il brodo e aggiungere le erbe. Cuocere a fuoco basso fino a quando le pernici saranno tenere. Aggiusta il sale. Togliere dal fuoco e aggiungere il cioccolato a piacere. Rimuovere.

TRUCCO

Per dare un tocco piccante al piatto potete aggiungere un pepe di cayenna e, se volete che sia croccante, aggiungere delle nocciole o delle mandorle tostate.

QUARTI DI TACCHINO ARROSTO CON SALSA AI FRUTTI ROSSI

INGREDIENTI

4 punte di tacchino

250 g di frutti rossi

½ litro di spumante

1 rametto di timo

1 rametto di rosmarino

3 spicchi d'aglio

2 porri

1 carota

Olio d'oliva

Sale e pepe

ELABORAZIONE

Pulire e tagliare a julienne i porri, le carote e l'aglio. Mettere questa verdura su una teglia insieme al timo, al rosmarino e ai frutti rossi.

Adagiatevi sopra i quarti di tacchino, conditi con un filo d'olio d'oliva e con la pelle rivolta verso il basso. Infornare a 175ºC per 1 ora.

Bagno con cava dopo 30 min. Girare la carne e grigliare per altri 45 min. Trascorso il tempo, togliere dalla teglia. Macinare, filtrare e rettificare il sale nella salsa.

TRUCCO

Il tacchino è pronto quando la coscia e la coscia si staccano facilmente.

POLLO ARROSTO CON SALSA DI PESCHE

INGREDIENTI

4 punte di pollo

½ litro di vino bianco

1 rametto di timo

1 rametto di rosmarino

3 spicchi d'aglio

2 pesche

2 cipolle

1 carota

Olio d'oliva

Sale e pepe

ELABORAZIONE

Tagliate a julienne le cipolle, le carote e l'aglio. Sbucciare le pesche, tagliarle a metà ed eliminare il torsolo.

Mettere il timo e il rosmarino insieme alla carota, alla cipolla e all'aglio sul fondo di una pirofila. Adagiarvi sopra i glutei conditi con un filo d'olio d'oliva, con la pelle rivolta verso il basso, e infornare a 175ºC per circa 45 minuti.

Dopo 30 min irrorate con il vino bianco, giratele e cuocete per altri 45 min. Quando il pollo è cotto, togliere dalla padella e mantecare con la salsa.

TRUCCO

All'arrosto si possono aggiungere mele o pere. La salsa sarà ottima.

FILETTO DI POLLO RIPIENO DI SPINACI E MOZSARELA

INGREDIENTI

8 filetti di pollo sottili

200 g di spinaci freschi

150 grammi di mozzarella

8 foglie di basilico

1 cucchiaino di cumino macinato

Farina, uova e pangrattato (per guarnire)

Olio d'oliva

Sale e pepe

ELABORAZIONE

Condire i petti su entrambi i lati. Disponete sopra gli spinaci, il formaggio spezzettato e il basilico tritato e coprite con un altro filetto. Passare nella farina, nell'uovo sbattuto e in una miscela di pangrattato e cumino.

Friggere per qualche minuto su ogni lato e togliere l'olio in eccesso su carta assorbente.

TRUCCO

L'accompagnamento perfetto è una buona salsa di pomodoro. Questo piatto può essere preparato con il tacchino e anche con il filetto fresco.

POLLO ARROSTO NELLA CAVA

INGREDIENTI

4 punte di pollo

1 bottiglia di spumante

1 rametto di timo

1 rametto di rosmarino

3 spicchi d'aglio

2 cipolle

Olio d'oliva

Sale e pepe

ELABORAZIONE

Tagliare la cipolla e l'aglio a julienne. Mettere il timo e il rosmarino sul fondo di una teglia e adagiarvi sopra le cipolle e l'aglio, quindi le cipolle pepate, con la pelle rivolta verso il basso. Infornare a 175ºC per circa 45 min.

Bagnare con cava dopo 30 minuti, girare la groppa e cuocere per altri 45 minuti. Quando il pollo è cotto, togliere dalla padella e mantecare con la salsa.

TRUCCO

Un'altra variabile nella stessa ricetta è farla con il lambrusco o il vino dolce.

SPIEDINI DI POLLO CON SALSA DI ARACHIDI

INGREDIENTI

600 g di petto di pollo

150 g di arachidi

500 ml di brodo di pollo

200 ml di panna

3 cucchiai di salsa di soia

3 cucchiai di miele

1 cucchiaio di curry

1 pepe di Caienna tritato finemente

1 cucchiaio di succo di limone

Olio d'oliva

Sale e pepe

ELABORAZIONE

Schiacciate molto bene le arachidi fino a farle diventare una pasta. Mescolarli in una ciotola insieme al succo di limone, al brodo, alla soia, al miele, al curry, al sale e al pepe. Tagliare i petti a pezzi e marinare in questa miscela durante la notte.

Togliere il pollo e adagiarlo sugli spiedini. Cuocere la preparazione precedente insieme alla panna a fuoco basso per 10 min.

Rosolare gli spiedini in una padella a fuoco medio e servire con sopra la salsa.

TRUCCO

Possono essere fatti con mozziconi di pollo. Ma invece di rosolare in padella, cuocila in forno con sopra la salsa.

POLLO NEL PEPITORIO

INGREDIENTI

1 kg e mezzo di pollo

250 g di cipolla

50 g di mandorle tostate

25 g di pane fritto

½ litro di brodo di pollo

¼ l di vino pregiato

2 spicchi d'aglio

2 foglie di alloro

2 uova sode

1 cucchiaio di farina

14 fili di zafferano

150 g di olio d'oliva

Sale e pepe

ELABORAZIONE

Tritare e condire il pollo tagliato a pezzi. Oro e riserva.

Tagliate a pezzetti la cipolla e l'aglio e fateli soffriggere nello stesso olio in cui è stato fatto il pollo. Aggiungere la farina e cuocere a fuoco basso per 5 min. Bagnate con il vino e fate sfumare.

Aggiungere il brodo fino al punto di sale e cuocere per altri 15 minuti. Quindi aggiungere il pollo messo da parte insieme alle foglie di alloro e cuocere fino a quando il pollo è tenero.

A parte tostare lo zafferano e metterlo nel mortaio insieme al pane fritto, alle mandorle e ai tuorli d'uovo. Sbattere fino a ottenere una pasta e aggiungere allo spezzatino di pollo. Cuocere altri 5 min.

TRUCCO

Non c'è miglior accompagnamento a questa ricetta di un buon riso pilaf. Può essere presentato con albumi d'uovo tritati e sopra un po' di prezzemolo tritato finemente.

POLLO ALL'ARANCIA

INGREDIENTI

1 pollo

25 g di burro

1 litro di brodo di pollo

1 dl di vino rosato

2 cucchiai di miele

1 rametto di timo

2 carote

2 arance

2 porri

Olio d'oliva

Sale e pepe

ELABORAZIONE

Condire e rosolare il pollo tritato a fuoco vivace in olio d'oliva. Ritira e prenota.

Sbucciate e pulite le carote e i porri e tagliateli a julienne. Soffriggere nello stesso olio in cui è stato rosolato il pollo. Bagnare con il vino e cuocere a fuoco alto fino a quando non si sarà ridotto.

Aggiungere il succo d'arancia, il miele e il brodo. Cuocere per 5 minuti e aggiungere nuovamente i pezzi di pollo. Cuocere a fuoco basso per 30 min. Aggiungere il burro freddo e condire con sale e pepe.

TRUCCO

Puoi saltare una buona manciata di noci e aggiungerle allo spezzatino verso la fine della cottura.

POLLO ARROSTO CON BOLETO

INGREDIENTI

1 pollo

200 g di prosciutto serrano

200 g di porcini

50 g di burro

600 ml di brodo di pollo

1 bicchiere di vino bianco

1 rametto di timo

1 spicchio d'aglio

1 carota

1 cipolla

1 pomodoro

Olio d'oliva

Sale e pepe

ELABORAZIONE

Tritare, condire e rosolare il pollo nel burro e un filo d'olio. Ritira e prenota.

Nello stesso grasso soffriggere la cipolla, la carota e l'aglio tagliati a pezzetti insieme al prosciutto tritato. Alzate la fiamma e aggiungete i porcini tritati. Cuocere per 2 min, aggiungere il pomodoro grattugiato e far cuocere fino a perdere tutta l'acqua.

Aggiungere nuovamente i pezzi di pollo e irrorare con il vino. Ridurre fino a quando la salsa è quasi asciutta. Bagnare con il brodo e aggiungere il timo. Cuocere per 25 minuti o fino a quando il pollo è tenero. Aggiusta il sale.

TRUCCO

Usa funghi di stagione o secchi.

POLLO SALTATO CON NOCI E SOIA

INGREDIENTI

3 petti di pollo

70 g di uvetta

30 g di mandorle

30 g di anacardi

30 g di noci

30 g di nocciole

1 tazza di brodo di pollo

3 cucchiai di salsa di soia

2 spicchi d'aglio

1 pepe di cayenna

1 limone

Dai capelli rossi

Olio d'oliva

Sale e pepe

ELABORAZIONE

Tritare i petti, condirli e farli rosolare in padella a fuoco vivace. Ritira e prenota.

In quest'olio soffriggere le noci insieme all'aglio grattugiato, un pezzetto di zenzero grattugiato, il pepe di cayenna e la scorza di limone.

Aggiungere l'uvetta, i petti riservati e la soia. Ridurre per 1 minuto e irrorare con il brodo. Cuocere per altri 6 minuti a fuoco medio e aggiustare di sale se necessario.

TRUCCO

Praticamente non sarà necessario utilizzare il sale, dato che è fornito quasi interamente dai semi di soia.

POLLO AL CIOCCOLATO CON SUD TOSTO

INGREDIENTI

1 pollo

60 g di cioccolato fondente grattugiato

1 bicchiere di vino rosso

1 rametto di timo

1 rametto di rosmarino

1 foglia di alloro

2 carote

2 spicchi d'aglio

1 cipolla

Brodo di pollo (o acqua)

mandorle tostate

olio extravergine d'oliva

Sale e pepe

ELABORAZIONE

Tritare, condire e rosolare il pollo in una padella molto calda. Ritira e prenota.

Nello stesso olio soffriggere a fuoco basso la cipolla, la carota e gli spicchi d'aglio tagliati a pezzetti.

Aggiungere la foglia di alloro e rametti di timo e rosmarino. Versare il vino e il brodo e cuocere a fuoco basso per 40 min. Rettifica il sale e rimuovi il pollo.

Passa la salsa attraverso un frullatore e rimettila nella pentola. Aggiungere il pollo e il cioccolato e mescolare finché il cioccolato non si scioglie. Cuocere per altri 5 minuti per amalgamare i sapori.

TRUCCO

Terminare con le mandorle tostate in cima. Se aggiungi un pepe di cayenna o pepe gli dà un tocco piccante.

SPIEDINI DI AGNELLO CON VINAGRETTE DI PAPRIKA E SENAPE

INGREDIENTI

350 g di agnello

2 cucchiai di aceto

1 cucchiaio raso di paprika

1 cucchiaio raso di senape

1 cucchiaio raso di zucchero

1 vassoio di pomodorini

1 peperone verde

1 peperone rosso

1 cipolla piccola

1 cipolla

5 cucchiai di olio d'oliva

Sale e pepe

ELABORAZIONE

Pulire e tagliare le verdure, tranne l'erba cipollina, a quadretti medi. Tagliare l'agnello a cubetti della stessa dimensione. Assemblare gli spiedini, inserendo un pezzo di carne e un pezzo di verdura. Stagione. Fateli rosolare in una padella molto calda con un filo d'olio per 1 o 2 minuti per lato.

A parte, mescolare in una ciotola la senape, la paprika, lo zucchero, l'olio, l'aceto e l'erba cipollina tagliata a pezzetti. Aggiustare di sale ed emulsionare.

Servire gli spiedini appena sfornati con un po' di salsa alla paprika.

TRUCCO

Puoi anche aggiungere 1 cucchiaio di curry e un po' di scorza di limone alla vinaigrette.

PINNA DI VITELLO RIPIENA AL PORTO

INGREDIENTI

1 kg di pinna di vitello (aperta a libro per farcire)

350 g di macinato di maiale

1 kg di carote

1 kg di cipolla

100 g di pinoli

1 barattolo piccolo di peperone piquillo

1 barattolo di olive nere

1 confezione di pancetta

1 testa d'aglio

2 foglie di alloro

vino porto

Brodo

Olio d'oliva

sale e pepe nero

ELABORAZIONE

Condire la pinna su entrambi i lati. Farcire con la carne di maiale, i pinoli, i peperoni tagliati a pezzetti, le olive tagliate in quarti e la pancetta tagliata a striscioline. Arrotolare e posizionare in una rete o legare con il filo della briglia. Rosolare a fuoco alto, togliere e mettere da parte.

Tagliate a brunoise le carote, le cipolle e l'aglio e fateli rosolare nello stesso olio in cui è stata fritta la carne di vitello. Rimetti la pinna. Bagnare con un po' di vino Porto e brodo di carne fino a ricoprire tutto. Aggiungere 8 grani di pepe e foglie di alloro. Cuocere coperto a fuoco basso per 40 min. Girare ogni 10 min. Quando la carne è tenera, togliere e mantecare con la salsa.

TRUCCO

Il porto può essere sostituito con qualsiasi altro vino o champagne.

PRANZO A MADRILLEÑA

INGREDIENTI

1 kg di carne macinata

500 g di carne macinata di maiale

500 g di pomodori maturi

150 g di cipolla

100 g di funghi

1 litro di brodo di carne (o acqua)

2dl di vino bianco

2 cucchiai di prezzemolo fresco

2 cucchiai di pangrattato

1 cucchiaio di farina

3 spicchi d'aglio

2 carote

1 foglia di alloro

1 uovo

Zucchero

Olio d'oliva

Sale e pepe

ELABORAZIONE

Mescolare le due carni con il prezzemolo tritato, 2 spicchi d'aglio tritati, il pangrattato, l'uovo, sale e pepe. Formare delle palline e rosolarle in una casseruola. Rimuovi e prenota.

Nello stesso olio d'oliva soffriggere la cipolla con l'altro aglio, aggiungere la farina e far rosolare. Aggiungere i pomodori e cuocere altri 5 min. Bagnare con il vino e cuocere per altri 10 minuti. Aggiungere il brodo e continuare la cottura per altri 5 min. Macinare e rettificare il sale e lo zucchero. Cuocere le polpette nel sugo per 10 minuti insieme alla foglia di alloro.

A parte, pulite, sbucciate e tritate le carote e i funghi. Saltatele in poco olio per 2 min e aggiungetele allo spezzatino di polpette.

TRUCCO

Per rendere più saporito il composto di polpette, aggiungere 150 g di pancetta iberica fresca tritata. È preferibile non premere troppo durante la preparazione delle palline in modo che risultino più succose.

GUANCE DI CIOCCOLATO AL CIOCCOLATO

INGREDIENTI

8 guance di manzo

½ litro di vino rosso

6 once di cioccolato

2 spicchi d'aglio

2 pomodori

2 porri

1 gambo di sedano

1 carota

1 cipolla

1 rametto di rosmarino

1 rametto di timo

Farina

Brodo di carne (o acqua)

Olio d'oliva

Sale e pepe

ELABORAZIONE

Condire e rosolare le guance in una padella molto calda. Rimuovi e prenota.

Tagliare le verdure in brunoise e saltarle nella stessa padella dove sono state fritte le guance.

cuocere per altri 25 minuti. Sfornare e bagnare con il vino. Mettete tutto in una padella e coprite con acqua fredda. Cuocere per 2 ore a fuoco molto basso. Coe e tornare al fuoco fino a quando non si addensa un po '. Sgrassare.

Tagliare la torta in porzioni e rosolarla in una padella calda sul lato della pelle fino a renderla croccante. Cuocere 3 minuti a 180°C.

TRUCCO

È un piatto più laborioso che difficile, ma il risultato è spettacolare. L'unico accorgimento per non andare a male alla fine è servire la salsa a lato della carne e non sopra.

CONIGLIO AL PUNTO DI RIFERIMENTO

INGREDIENTI

1 coniglio tritato

80 g di mandorle

1 litro di brodo di pollo

400 ml di sansa

200 ml di panna

1 rametto di rosmarino

1 rametto di timo

2 cipolle

2 spicchi d'aglio

1 carota

10 fili di zafferano

Sale e pepe

ELABORAZIONE

Tritare, condire e rosolare il coniglio. Ritira e prenota.

Soffriggere nello stesso olio le carote, le cipolle e l'aglio tagliato a pezzetti. Aggiungere lo zafferano e le mandorle e cuocere per 1 min.

Alzate la fiamma e condite con le vinacce. Flambé Aggiungere nuovamente il coniglio e bagnare con il brodo. Aggiungere il timo e i rametti di rosmarino.

Cuocere per circa 30 minuti fino a quando il coniglio è tenero e aggiungere la panna. Cuocere per altri 5 minuti e aggiustare di sale.

TRUCCO

Flambé è bruciare l'alcool in un brandy. Quando lo fai, devi fare attenzione ad avere il cappuccio spento.

PRANZO CON SALSA DI NOCCIOLE PEPITORIA

INGREDIENTI

750 g di carne macinata

750 g di macinato di maiale

250 g di cipolla

60 g di nocciole

25 g di pane fritto

½ litro di brodo di pollo

¼ litro di vino bianco

10 fili di zafferano

2 cucchiai di prezzemolo fresco

2 cucchiai di pangrattato

4 spicchi d'aglio

2 uova sode

1 uovo fresco

2 foglie di alloro

150 g di olio d'oliva

Sale e pepe

ELABORAZIONE

Mescolare in una ciotola la carne, il prezzemolo tritato, l'aglio tritato, il pangrattato, l'uovo, il sale e il pepe. Infarinare e rosolare in padella a fuoco medio-alto. Ritira e prenota.

Nello stesso olio soffriggere a fuoco basso la cipolla e gli altri 2 spicchi d'aglio tagliati a cubetti. Bagnate con il vino e fate sfumare. Aggiungere il brodo e cuocere per 15 min. Aggiungere le polpette al sugo insieme alle foglie di alloro e cuocere per altri 15 minuti.

A parte tostate lo zafferano e pestatelo in un mortaio insieme al pane fritto, alle nocciole e ai tuorli d'uovo fino ad ottenere una pasta omogenea. Aggiungere allo stufato e cuocere per altri 5 min.

TRUCCO

Servire con gli albumi tritati in cima e un po' di prezzemolo.

COSTINO DI VITELLO ALLA BIRRA NERA

INGREDIENTI

4 bistecche di manzo

125 g di funghi shiitake

Birra robusta da 1/3 di litro

1 dl di brodo di carne

1 dl di panna

1 carota

1 erba cipollina

1 pomodoro

1 rametto di timo

1 rametto di rosmarino

Farina

Olio d'oliva

Sale e pepe

ELABORAZIONE

Condire e infarinare i filetti. Fateli rosolare leggermente in una padella con un filo d'olio. Rimuovi e prenota.

Soffriggere nello stesso olio l'erba cipollina e le carote tritate. Quando saranno sbollentati, aggiungete il pomodoro grattugiato e fate cuocere fino a quando il sugo sarà quasi asciutto.

Versate la birra, fate evaporare l'alcool per 5 minuti a fuoco medio e aggiungete il brodo, le erbe ei filetti. Cuocere per 15 minuti o finché sono teneri.

A parte, soffriggere a fuoco vivo i funghi sfilettati e unirli allo spezzatino. Aggiusta il sale.

TRUCCO

I filetti non devono essere troppo cotti, altrimenti risulteranno molto duri.

VIAGGI A LA MADRILEÑA

INGREDIENTI

1 kg di trippa pulita

2 zampe di maiale

25 g di farina

1 dl di aceto

2 cucchiai di paprika

2 foglie di alloro

2 cipolle (di cui 1 tritata)

1 testa d'aglio

1 peperoncino

2 dl di olio d'oliva

20 g di sale

ELABORAZIONE

Scottare la trippa e le zampe di maiale in una pentola di acqua fredda. Cuocere per 5 minuti da quando inizia a bollire.

Scolare e sostituire con acqua pulita. Aggiungere la cipolla tritata, il peperoncino, la testa d'aglio e le foglie di alloro. Aggiungete altra acqua se necessario in modo che sia ben coperta e cuocete a fuoco basso coperto per 4 ore o fino a quando le zampe d'anatra e la trippa saranno tenere.

Quando la trippa sarà pronta togliere la cipolla tritata, l'alloro e il peperoncino. Togliere anche le zampe d'anatra, disossarle e tagliarle a pezzetti simili alla grandezza della trippa. Rimettilo nella padella.

A parte soffriggere l'altra cipolla tritata nella brunoise, unire la paprika e 1 cucchiaio di farina. Una volta cotte aggiungerle allo spezzatino. Cuocere per 5 min, aggiustare di sale e, se necessario, addensare.

TRUCCO

Questa ricetta acquista sapore se preparata con uno o due giorni di anticipo. Puoi anche aggiungere dei ceci cotti e ottenere un piatto di legumi di prim'ordine.

LOMBATA DI MAIALE ARROSTITA CON MELE E MENTA

INGREDIENTI

800 g di lonza di maiale fresca

500 g di mele

60 g di zucchero

1 bicchiere di vino bianco

1 bicchiere di grappa

10 foglie di menta

1 foglia di alloro

1 cipolla grande

1 carota

Olio d'oliva

Sale e pepe

ELABORAZIONE

Condire il lombo con sale e pepe e farlo rosolare a fuoco vivo. Ritira e prenota.

In quest'olio fate soffriggere la cipolla e la carota pulite e tritate finemente. Sbucciare e togliere il torsolo alle mele.

Trasferire il tutto su una teglia, bagnare con alcool e aggiungere la foglia di alloro. Infornare a 185ºC per 90 min.

Togliere le mele e le verdure e mescolarle con lo zucchero e la menta. Farcite la lonza di maiale, bagnatela con il brodo di cottura e accompagnatela con la composta di mele.

TRUCCO

Aggiungere un po' d'acqua nella teglia durante la cottura per evitare che il lombo si asciughi.

PRANZO DI POLLO CON SALSA DI LAMPONI

INGREDIENTI

per le polpette

1 kg di carne di pollo macinata

1dl di latte

2 cucchiai di pangrattato

2 uova

1 spicchio d'aglio

vino sherry

Farina

Prezzemolo tritato

Olio d'oliva

Sale e pepe

Per la salsa di lamponi

200 g di marmellata di lamponi

½ litro di brodo di pollo

1 ½ dl di vino bianco

½ dl di salsa di soia

1 pomodoro

2 carote

1 spicchio d'aglio

1 cipolla

sale

ELABORAZIONE

per le polpette

Impastare la carne con il pangrattato, il latte, le uova, lo spicchio d'aglio tritato finemente, il prezzemolo e un po' di vino. Aggiustate di sale e pepe e lasciate riposare per 15 minuti.

Formate delle palline con il composto e passatele nella farina. Rosolare nell'olio cercando di ottenere qualcosa di crudo all'interno. Prenota l'olio.

Per la salsa di lamponi in agrodolce

Sbucciare e tritare la cipolla, l'aglio e le carote a cubetti. Soffriggere nello stesso olio in cui sono state rosolate le polpette. Condire con un pizzico di sale. Aggiungete il pomodoro a pezzetti privato della pelle e dei semi e fate rosolare finché l'acqua non sarà evaporata.

Bagnare con il vino e cuocere fino a ridurlo della metà. Aggiungere la salsa di soia e il brodo e cuocere per altri 20 minuti finché la salsa non si sarà addensata. Aggiungere la marmellata e le polpette e far cuocere il tutto per altri 10 min.

TRUCCO

La composta di lamponi può essere sostituita con qualsiasi altra frutta rossa e persino composta.

STUFATO D'AGNELLO

INGREDIENTI

1 cosciotto d'agnello

1 bicchiere abbondante di vino rosso

½ tazza di pomodori schiacciati (o 2 pomodori grattugiati)

1 cucchiaio di paprika dolce

2 patate grandi

1 peperone verde

1 peperone rosso

1 cipolla

Brodo di carne (o acqua)

Olio d'oliva

Sale e pepe

ELABORAZIONE

Tritare, condire e rosolare la coscia in una padella molto calda. Rimuovi e prenota.

Nello stesso olio soffriggere i peperoni e la cipolla tritati. Quando le verdure saranno ben saltate, aggiungete il cucchiaio di paprika e il pomodoro. Proseguite la cottura a fuoco vivace fino a quando il pomodoro perderà l'acqua. Quindi aggiungere di nuovo l'agnello.

Bagnate con il vino e fate sfumare. Coprire con il brodo di carne.

Aggiungere le patate ricce (non tagliate) quando l'agnello è tenero e cuocere fino a quando le patate sono cotte. Aggiustate di sale e pepe.

TRUCCO

Per una salsa ancora più gustosa, soffriggere separatamente 4 peperoni piquillo e 1 spicchio d'aglio. Mescolare con un po' di brodo dello stufato e aggiungere allo stufato.

CIVETTA LEPRA

INGREDIENTI

1 lepre

250 g di funghi

250 g di carote

250 g di cipolla

100 g di pancetta

¼ litro di vino rosso

3 cucchiai di passata di pomodoro

2 spicchi d'aglio

2 rametti di timo

2 foglie di alloro

Brodo di carne (o acqua)

Olio d'oliva

Sale e pepe

ELABORAZIONE

Affettate la lepre e lasciatela marinare per 24 ore in carote, aglio e cipolla tagliati a pezzetti, vino, 1 rametto di timo e 1 foglia di alloro. Trascorso il tempo filtrare e mettere da parte il vino da una parte e le verdure dall'altra.

Condire la lepre con sale e pepe, rosolare a fuoco vivace e togliere. Soffriggere le verdure a fuoco medio-basso nello stesso olio. Aggiungere la salsa di pomodoro e saltare per 3 min. Rimetti a posto la lepre. Bagnare con il vino e il brodo fino a ricoprire la carne. Aggiungere l'altro rametto di timo e l'altra foglia di alloro. Cuocere fino a quando la lepre è morbida.

Nel frattempo far rosolare la pancetta tritata ei funghi tagliati in quarti e unirli allo spezzatino. A parte pestare in un mortaio il fegato di lepre e aggiungere anche questo. Cuocere per altri 10 minuti e condire con sale e pepe.

TRUCCO

Questo piatto può essere preparato con qualsiasi selvaggina ed è più gustoso se preparato il giorno prima.

CONIGLIO CON PIPERRADA

INGREDIENTI

1 coniglio

2 pomodori grandi

2 cipolle

1 peperone verde

1 spicchio d'aglio

Zucchero

Olio d'oliva

Sale e pepe

ELABORAZIONE

Tritare, condire e rosolare il coniglio in una padella ben calda. Ritira e prenota.

Tagliate a pezzetti le cipolle, i peperoni e l'aglio e fateli soffriggere a fuoco basso per 15 minuti nello stesso olio in cui è stato cotto il coniglio.

Aggiungere i pomodori tagliati a brunoise e cuocere a fuoco medio fino a quando non perdono tutta la loro acqua. Rettificare il sale e lo zucchero se necessario.

Aggiungere il coniglio, abbassare la fiamma e cuocere per 15 o 20 minuti a pentola coperta, mescolando di tanto in tanto.

TRUCCO

Zucchine o melanzane possono essere aggiunte alla piperrada.

PRANZO DI POLLO RIPIENO DI FORMAGGIO IN SALSA AL CURRY

INGREDIENTI

500 g di pollo tritato

150 g di formaggio tagliato a cubetti

100 gr di pangrattato

200 ml di panna

1 tazza di brodo di pollo

2 cucchiai di curry

½ cucchiaio di pangrattato

30 uvetta

1 peperone verde

1 carota

1 cipolla

1 uovo

1 limone

Latte

Farina

Olio d'oliva

sale

ELABORAZIONE

Condire il pollo e impastare con il pangrattato, l'uovo, 1 cucchiaio di curry e il pangrattato ammollato nel latte. Formate delle palline, riempitele con un cubetto di formaggio e passatele nella farina. Friggi e prenota.

Rosolare nello stesso olio la cipolla, il peperone e la carota tagliati a pezzetti. Aggiungere la scorza di limone e cuocere per qualche minuto. Aggiungere l'altro cucchiaio di curry, l'uvetta e il brodo di pollo. Aggiungere la panna quando inizia a bollire e cuocere per 20 min. Aggiusta il sale.

TRUCCO

Un accompagnamento ideale per queste polpette sono i funghi tagliati in quarti e saltati in padella con un paio di spicchi d'aglio tagliati a pezzetti e innaffiati da una buona spruzzata di vino Porto o Pedro Ximénez.

GUANCE DI MAIALE AL VINO ROSSO

INGREDIENTI

12 guance di maiale

½ litro di vino rosso

2 spicchi d'aglio

2 porri

1 peperone rosso

1 carota

1 cipolla

Farina

Brodo di carne (o acqua)

Olio d'oliva

Sale e pepe

ELABORAZIONE

Condire e rosolare le guance in una padella molto calda. Rimuovi e prenota.

Tagliare le verdure in bronoise e friggerle nello stesso olio in cui è stata fritta la carne di maiale. Quando saranno ben sbollentati, aggiungete il vino e fatelo sfumare per 5 minuti. Aggiungere le guance e il brodo di carne fino a coprire.

Cuocere fino a quando le guance sono molto morbide e frullare la salsa se non si desidera che rimangano pezzi di verdure.

TRUCCO

Le guance di maiale richiedono molto meno tempo rispetto alle guance di manzo. Un gusto diverso si ottiene se alla fine si aggiunge alla salsa un'oncia di cioccolato.

SETA DI MAIALE DI NAVARRA

INGREDIENTI

2 cosce di agnello tritate

50 g di strutto

1 cucchiaino di paprika

1 cucchiaio di aceto

2 spicchi d'aglio

1 cipolla

Olio d'oliva

Sale e pepe

ELABORAZIONE

Tagliare a pezzetti gli stinchi di agnello. Salate e pepate e fate rosolare a fuoco vivace in padella. Rimuovi e prenota.

Soffriggere la cipolla e l'aglio tritati finemente nello stesso olio per 8 minuti a fuoco basso. Aggiungere la paprika e saltare per altri 5 secondi. Aggiungere l'agnello e coprire con acqua.

Cuocere fino a quando la salsa si riduce e la carne è tenera. Bagnare con l'aceto e portare a ebollizione.

TRUCCO

La doratura iniziale è fondamentale in quanto evita che il succo si esaurisca. Inoltre, fornisce un tocco croccante ed esalta i sapori.

CARNE ARROSTO CON SALSA DI ARACHIDI

INGREDIENTI

750 g di sanguinaccio

250 g di arachidi

2 litri di brodo di carne

1 tazza di panna

½ bicchiere di grappa

2 cucchiai di passata di pomodoro

1 rametto di timo

1 rametto di rosmarino

4 patate

2 carote

1 cipolla

1 spicchio d'aglio

Olio d'oliva

Sale e pepe

ELABORAZIONE

Tritare, condire e rosolare il sanguinaccio a fuoco vivace. Rimuovi e prenota.

Nello stesso olio soffriggere a fuoco basso la cipolla, l'aglio e le carote tagliate a cubetti. Alzate la fiamma e aggiungete la salsa di pomodoro. Lasciate ridurre fino a perdere tutta l'acqua. Irrorate con il brandy e fate evaporare l'alcool. Aggiungi di nuovo la carne.

Schiacciate bene le arachidi con il brodo e mettetele nella casseruola, insieme alle erbe aromatiche. Cuocere a fuoco basso fino a quando la carne è quasi tenera.

Aggiungere quindi le patate, sbucciate e tagliate a quadrati regolari, e la panna. Cuocere per 10 minuti e condire con sale e pepe. Lasciar riposare 15 min prima di servire.

TRUCCO

Questo piatto di carne può essere accompagnato da riso pilaf (vedi sezione Riso e Pasta).

MAIALE ARROSTO

INGREDIENTI

1 maialino da latte

2 cucchiai di strutto

sale

ELABORAZIONE

Fodera le orecchie e la coda con un foglio di alluminio per evitare che si bruci.

Disporre 2 cucchiai di legno su una teglia e adagiare il maialino rivolto verso l'alto, evitando che tocchi il fondo del contenitore. Aggiungere 2 cucchiai di acqua e infornare a 180ºC per 2 ore.

Sciogliere il sale in 4 dl di acqua e dipingere l'interno del maialino ogni 10 min. Dopo un'ora, giralo e continua a dipingere con acqua salata fino allo scadere del tempo.

Sciogliere il burro e dipingere la pelle. Aumentare il forno a 200ºC e cuocere per altri 30 minuti o finché la pelle non sarà dorata e croccante.

TRUCCO

Non immergere il succo sopra la pelle; che farebbe perdere la sua croccantezza. Servire la salsa sul fondo del piatto.

INSIEME ARROSTITI CON IL CAVOLO

INGREDIENTI

4 giunti

½ cavolo

3 spicchi d'aglio

Olio d'oliva

Sale e pepe

ELABORAZIONE

Coprire le nocche con acqua bollente e cuocere per 2 ore o fino a quando non saranno completamente morbide.

Togliere dall'acqua e mettere in forno con un filo d'olio d'oliva a 220ºC fino a doratura. Stagione.

Tagliare il cavolo a listarelle sottili. Cuocere in abbondante acqua bollente per 15 min. Drenare.

Nel frattempo fate imbiondire l'aglio a fettine in poco olio, aggiungete la verza e fatela rosolare. Aggiustare di sale e pepe e servire insieme alle nocche arrostite.

TRUCCO

Le nocche possono anche essere fatte in una padella molto calda. Fateli rosolare bene da tutti i lati.

CONIGLIO CACCIATORE

INGREDIENTI

1 coniglio

300 g di funghi

2 tazze di brodo di pollo

1 bicchiere di vino bianco

1 rametto di timo fresco

1 foglia di alloro

2 spicchi d'aglio

1 cipolla

1 pomodoro

Olio d'oliva

Sale e pepe

ELABORAZIONE

Tritare, condire e rosolare il coniglio a fuoco vivace. Rimuovi e prenota.

Soffriggere la cipolla e l'aglio tagliati a pezzetti a fuoco basso nello stesso olio per 5 min. Alzate la fiamma e aggiungete il pomodoro grattugiato. Cuocere fino a quando non rimane più acqua.

Rimetti dentro il coniglio e bagna nel vino. Lasciare ridurre e la salsa è quasi asciutta. Aggiungere il brodo e cuocere insieme alle erbe aromatiche per 25 minuti o fino a quando la carne sarà tenera.

Nel frattempo saltare i funghi puliti e affettati in una padella calda per 2 min. Aggiustare di sale e unirli allo spezzatino. Cuocere per altri 2 minuti e aggiustare di sale se necessario.

TRUCCO

Questa stessa ricetta può essere preparata con carne di pollo o di tacchino.

COSTANTE DI CARNE A LA MADRILEÑA

INGREDIENTI

4 bistecche di manzo

1 cucchiaio di prezzemolo fresco

2 spicchi d'aglio

Farina, uova e pangrattato (per guarnire)

Olio d'oliva

Sale e pepe

ELABORAZIONE

Tritare finemente il prezzemolo e l'aglio. Uniteli in una ciotola e aggiungete il pangrattato. Rimuovere.

Condire i filetti con sale e pepe e passarli nella farina, nell'uovo sbattuto e nel composto di pangrattato, aglio e prezzemolo.

Premete bene con le mani in modo che la panatura aderisca bene e friggete in abbondante olio ben caldo per 15 secondi.

TRUCCO

Schiacciare i filetti con un martello in modo che le fibre si rompano e la carne diventi più tenera.

CONIGLIO ARROSTO CON FUNGHI

INGREDIENTI

1 coniglio

250 g di funghi di stagione

50 g di strutto

200 g di pancetta

45 g di mandorle

600 ml di brodo di pollo

1 bicchiere di vino sherry

1 carota

1 pomodoro

1 cipolla

1 spicchio d'aglio

1 rametto di timo

Sale e pepe

ELABORAZIONE

Tritare e condire il coniglio. Rosolare a fuoco vivace nel burro insieme alla pancetta tagliata a bastoncini. Rimuovi e prenota.

Nello stesso grasso soffriggere la cipolla, la carota e l'aglio tagliati a pezzetti. Aggiungere i funghi tritati e cuocere per 2 min. Aggiungere il pomodoro grattugiato e cuocere fino a perdere l'acqua.

Aggiungere di nuovo il coniglio e la pancetta e sfumare con il vino. Lasciare ridurre e la salsa è quasi asciutta. Aggiungere il brodo e aggiungere il timo. Cuocere a fuoco basso per 25 minuti o fino a quando il coniglio è tenero. Rifinire con le mandorle in cima e condire con sale.

TRUCCO

Si possono usare funghi shiitake essiccati. Aggiungono molto sapore e aroma.

www.ingramcontent.com/pod-product-compliance
Lightning Source LLC
Chambersburg PA
CBHW070405120526
44590CB00014B/1269